Basics of Economy

これだけは知っておきたい

「経済」の基本と常識

改訂新版

経済の基礎知識、日本と世界経済の現状・課題を、
豊富なイラストと図版で解説した一番やさしい入門書

◉結局、アベノミクスは成功したのか、失敗したのか？
◉最近よく聞く「MMT」って信用していいの？
◉キャッシュレス社会における電子マネーと暗号資産

一般財団法人日本不動産研究所
不動産エコノミスト 吉野 薫【著】

フォレスト出版

◉——はじめに　経済が見えると、社会も見えてくる

経済は難しい。あなたはそう思っていませんか?

確かに現実の経済では、たくさんの複雑な現象が絡み合っています。

しかし、その背後にある仕組みは、決して複雑怪奇なものではありません。

背後にある仕組みをよく理解して経済を見れば、一見複雑に思えるようないろいろな現象もスッキリ整然とあなたの目に映ることでしょう。


……2008年に本書を出版した際、このように「はじめに」を書き出しました。その6年後の2014年に本書を改訂した際も、この書き出しを残しました。その狙いは、**「経済の大本にある仕組みは、時代を越えても生き続ける」**ということを、本書を通じて読者のみなさんにお伝えすることにあります。今日、日本の、そして世界の経済は複雑さを増していきます。しかもSNS等を通じて、経済に対するさまざまな意見や見方が世界中を飛び交うようになりました。このような時代だからこそ、「大本の仕組み」を理解する意義は一層大きいように思われます。

本書は、経済学の教科書のように、学術的な厳密性を追究してはいません。かといって、

目につく経済用語を個々ばらばらに説明するものでもありません。

現代の経済学および経済事象のトピックを取り上げながら、経済の仕組み全体を大づかみに、かつわかりやすく説明しようと試みたものです。


本書は、次のような構成をしています。

第1章では、**「経済の基本中の基本」について**一通り触れます。経済を考える上で、まず必要な知識について説明します。

第2章では、経済を見る上での基本的な視点として、**「マクロ経済とミクロ経済」**を取り上げます。ここでは、経済活動の全体像をおおまかにとらえるマクロ経済と「家計」「企業」「政府」という個別の経済活動を詳しく分析するミクロ経済について説明します。

第3章では、**「市場と政府」の関係について**押さえます。日本の経済の根本的仕組みである「市場経済」とそれにまつわる政府の役目、そして経済を循環する通貨について説明します。

第4章では、経済活動と切っても切れない**「物価」について**説明します。また海外とのお金のやりとりである**「為替」についても**ここで触れます。

第5章では、**「大局的なお金の流れ」**を一通りとらえます。国内外のお金の流れについて理解していただくとともに、日銀が実施する金融政策についても解説します。

第6章では、**「日本経済の今」について**解説します。いわゆるアベノミクス以降の日本経済の経過を、さまざまな指標から追跡しましょう。

第7章では、**「日本経済の将来を考えるためのトピック」**を取り上げます。読者のみなさんがそれぞれの意見を形成するための一助にしていただきたいと思います。


残念ながら、経済学はお金儲けに直接役立つ学問というわけではありません。しかし、経済の仕組みを学ぶことは、多様な姿を見せる社会を理解するための、大きな助けとなり、それはあなたの財産となるでしょう。

本書に記載した内容は2021年9月中旬時点で入手可能な情報に基づいています。菅義偉《すがよしひで》氏の次の総理大臣が岸田文雄氏に決まりました。衆議院議員総選挙も行われます。あいにくそれらの結果については本書に盛り込まれていません。

しかしそうであっても、経済の基本的な仕組みが不変であることは前述のとおりです。あなたご自身が、現在の、そして将来の経済を見通すための道具として、本書をお役立ていただけることを願っています。

なお、本書の内容はすべて筆者個人の見解に属するものです。筆者が所属する団体等の見解を示すものではないことをあらかじめお断り申し上げます。

2021年10月
吉野　薫

これだけは知っておきたい
「経済」の基本と常識
改訂新版

目 次

第2章

経済を見る二つの視点！

第3章

経済の仕組みをとらえよう！

第4章 物価と為替の動きをとらえよう！

第5章
「お金」の大局的な流れをとらえよう！

第6章

日本経済の動きをとらえよう！

第7章
日本の経済の未来を占おう！

第1章

経済を知るはじめの一歩

～私たちの暮らしとの密接な関係～

1 経済活動とは何だろう？

世の中のお金の動きを伴うすべての社会的な活動のこと

経済とは何か、を語るために、まずは私たちの「経済活動」について述べましょう。私たちは日常的に、欲しいものを買ったり会社でお金を稼いだりといった、金銭的なやりとりを含む行動をしています。こうした行動の一つひとつを「経済活動」と言います。もう少し丁寧にいえば、「経済活動」とは各「経済主体」（↓28ページ）が限られた経済的な条件（収入、保有資産、時間など）を踏まえて意思決定をし、それに基づいて行動することすべてを指しています。ここでは私たちにとって最も身近な「経済活動」である「買い物」が、どのような金銭的なやりとりを伴った行動を引き起こすのかを見てみましょう。

たとえば、あなたが書店で1冊の本を買ったら、その代金は、書店の売り上げや利益の一部となります。また書店員や出版社の従業員の給料になるでしょうし、本の著者の印税にもなるでしょう。書店が店舗を借りて営業しているのであれば、あなたの支払った代金は店舗の賃料の一部にもなるはずです。このように、あなたが買い物で支払った対価はさまざまな人たちに分配されていきます。

そして、彼らは得た所得で買い物をします。利益を得た書店は、新しい陳列棚を購入するかもしれません。こうして、さらにたくさんの人たちへとお金が回っていきます。このように、買い物によって支払われるお金は、人々の手から手へと渡り、誰かの生活を支えていきます。つまり、**私たちの暮らしは多種多様な「経済活動」によって構成されている**のです。

経済活動におけるお金の動きは?

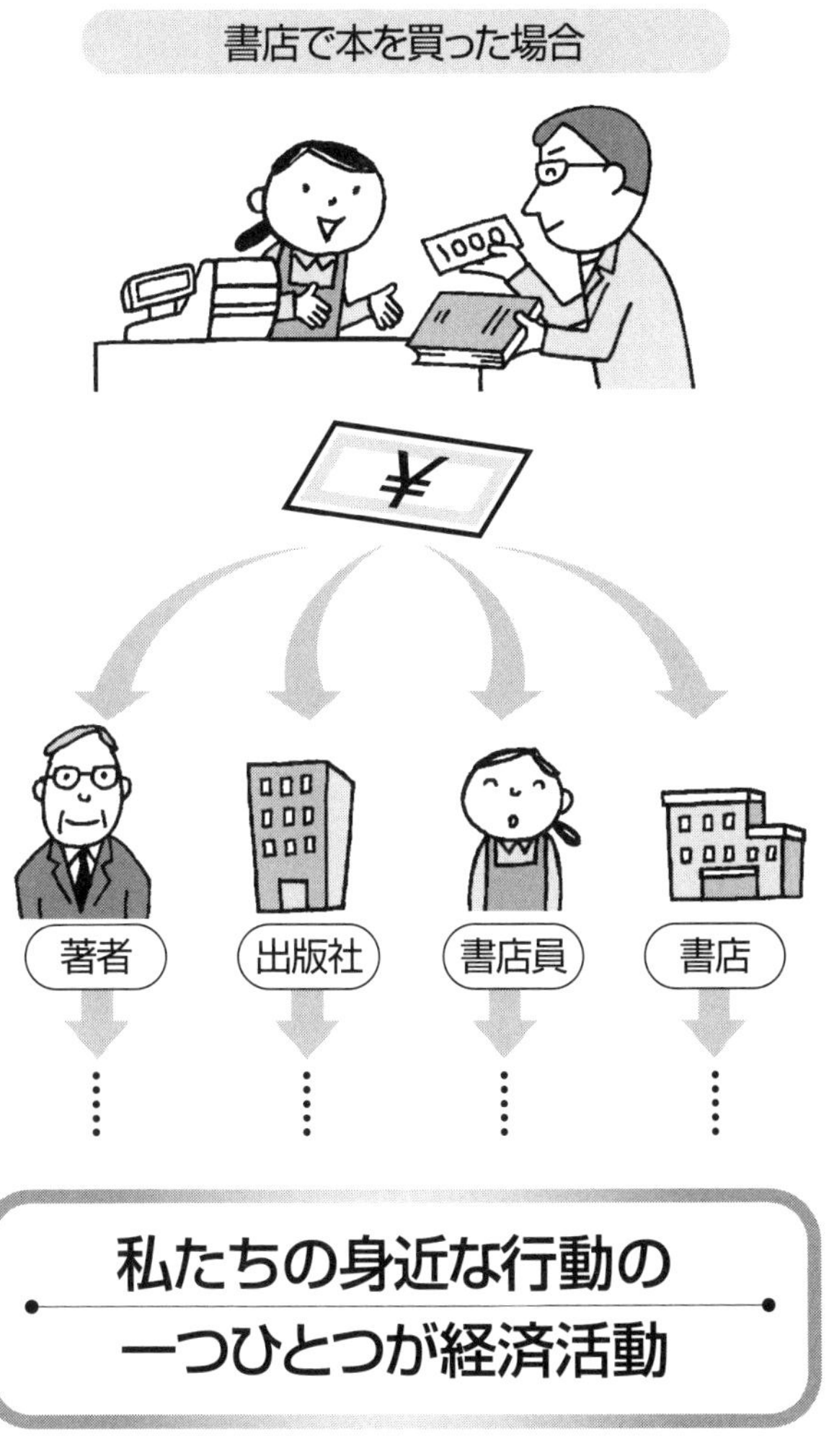

2 そもそも「経済」って何だろう？

身近な生活も、「経済」と深く関係している

それでは、「経済」とは一体何を指す言葉でしょうか？　社会全体で日常的に行われている経済活動と、それによって引き起こされる社会的な現象のすべてが「経済」なのです。どこか遠くで研究されているむずかしい現象ではなく、**私たちにとってごく身近なものであること**を、まずは押さえておきましょう。

もともと「経済」という言葉自体は、明治維新の際に日本に紹介された「エコノミー」の訳語として、福沢諭吉が作ったと言われています。漢籍における「経世済民《けいせいさいみん》」という言葉を略したとのことで、世の中をより良くし、国民が幸せになるように、という理念が背景にあります。「エコノミー」という言葉自体は、ギリシャ語で「家政術（家計の管理方法）」、転じて「国家をうまく運営する」という意味の語源を持っているようです。

しかし現代的な意味の「経済」としては冒頭に述べたとおり、私たちの身近で行われている活動を含んだ、広い意味としてとらえるのが適切です。なぜなら、**私たち自身が「経済主体」の一員として、「経済活動」を通じて経済に対して少なからず影響を与えている**からです。

身近な生活と経済の関係

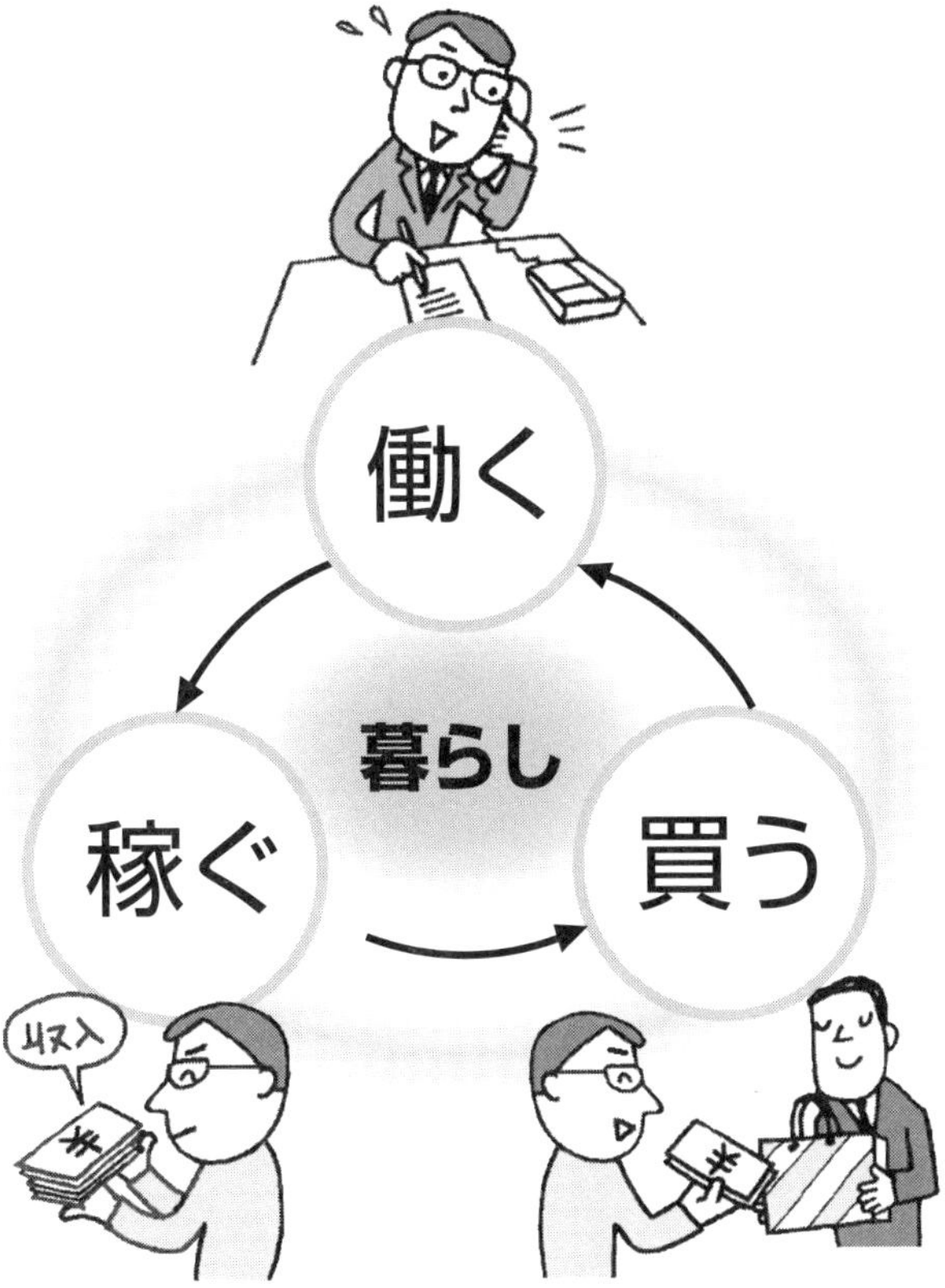

経済とは決して
縁遠い現象ではない!

3 「マクロ経済」とは何だろう？

経済全体を大きく見渡す「鳥の目」

経済を考える上で、「マクロ経済」および「ミクロ経済」の二つの見方ができます。しばしば、マクロ経済は「鳥の目」、ミクロ経済は「アリの目」に例えられます。以下ではそれぞれについて詳しく解説します。

まず、**経済全体を広い視点から見渡してとらえるとき、それを「マクロ経済」と呼びます。**一つひとつの経済活動を細かくは見ないものの、経済活動の全体像をとらえようとすることから、「鳥の目」で経済を眺めるという例え方をされます。

マクロ経済が分析の対象とするものは、**GDP（国内総生産）、失業率、消費者物価、外国為替相場、金利など**さまざまな経済指標で表されます。政府が公表するこれらの経済指標や、民間の研究所が発表するそれらの予測を、新聞などで目にしたことがある人も多いことでしょう。これらをモノサシとして使い、経済の様子を大まかにとらえるのが、マクロ経済なのです。

マクロ経済の分析は、経済全体の調整をはかるという政府の役割と密接な関係があります。というのも、国が経済政策を考える際、経済全体を見通すマクロ経済の考え方が不可欠であるからです。

たとえば、景気が過熱していれば社会に出回るお金の量を引き締めて物価の上昇を抑えようとしたり、逆に景気が減速しているときは公共事業を増やして国内の企業活動を活発化させようとしたりします（経済政策については86ページで解説します）。政府は経済指標によって経済全体を把握し、具体的な政策へと反映させます。このようにマクロ経済の視点は、政府が行動を起こすときの指針となるものなのです。

「マクロ経済」とは?

「鳥の目」から見るマクロ経済は政策の指針となる

4 「ミクロ経済」とは何だろう？

「経済主体」による身近な意思決定と経済活動を見る「アリの目」

マクロ経済が経済全体を見るものだとすると、**「ミクロ経済」は個別の経済活動について詳しく分析するもの**だと言えるでしょう。経済の全体はともかく、経済活動とそれを引き起こす意思決定をクローズアップすることから、「アリの目」に例えられます。

ところで、世の中の経済活動を思い浮かべると、主に三つの「主役」がいるものと考えられます。それは**「家計」「企業」「政府」**です。これら三つと、経済活動の仮想的な担い手である**「海外」**とをまとめた四つを**「経済主体」**と呼んでいます。「経済主体」の間でお金を伴っていろいろな製品やサービスをやりとりすることで、私たちの経済は成り立っているのです（なお、対価を伴ってやりとりされる製品やサービスなどを全体として指すとき、「財・サービス」という言葉を使います）。

既に述べたとおり、私たち自身も「経済主体」の一員であって、この分類では「家計」を構成しています。

四つの経済主体について詳しくは追って説明することにして、ここでは「家計」「企業」「政府」がどのような関係にあるかを簡単に見ることにしましょう。

経済の循環とは？

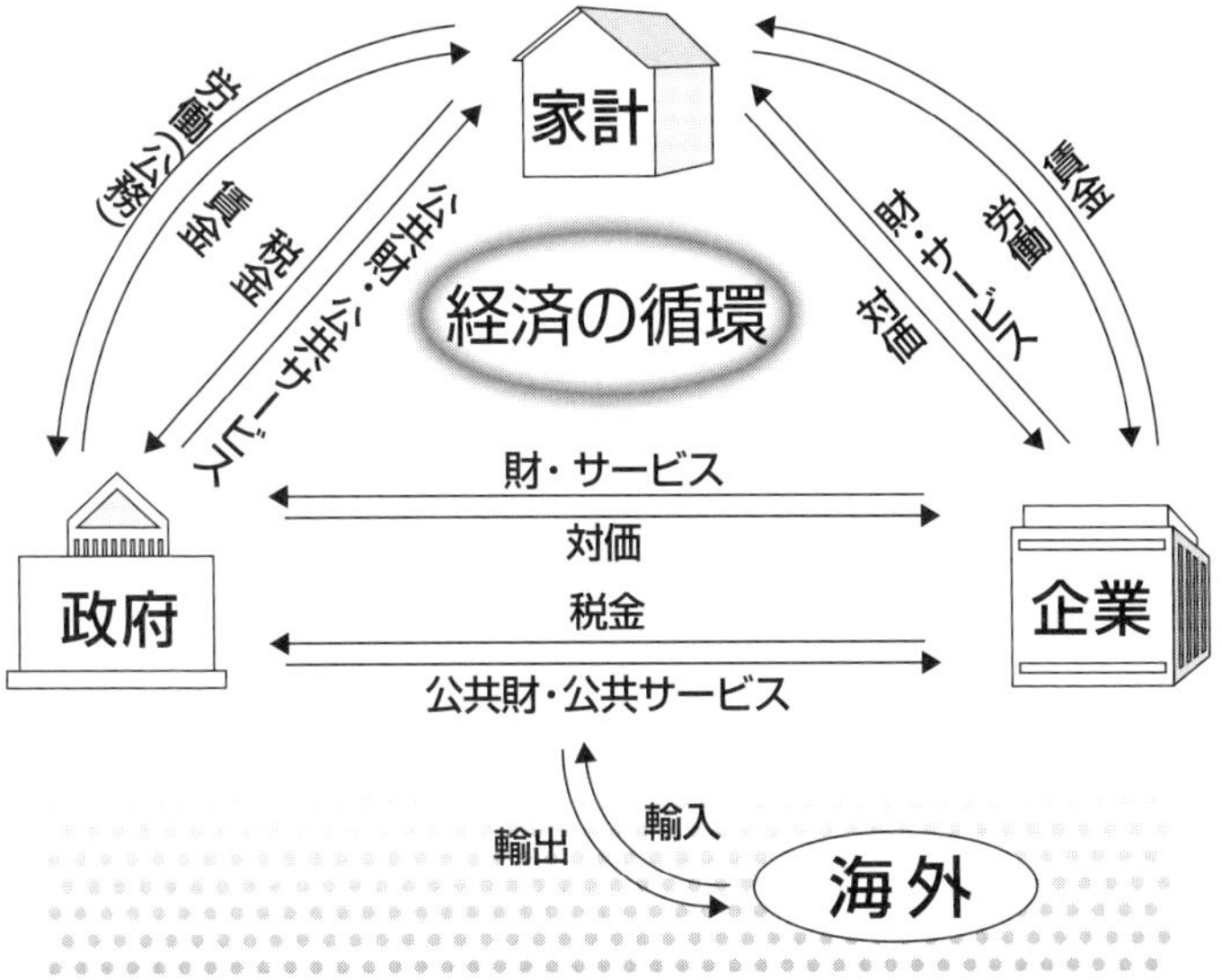

家計は、企業で働く見返りに得た賃金や、貯蓄や投資したお金から得られる利息や収益を、消費活動に充《あ》てます。ここで消費される財・サービスは、企業が生産したものです。

企業は、家計から提供された労働力と資金をもとに財やサービスを生産し、家計と政府に提供します。

また、政府は家計や企業に対してさまざまな公的な財・サービスを提供する役割を担い、その対価として家計と企業から税金を徴収します。

このように、**三者の間でお金や財・サービスが流れていることを指して、「経済の循環」と言います。**

5 経済の価値判断を示す二つの考え方

必ずしも両立しない「効率性」と「公平性」という考え方

本書では、マクロ経済に関する重要な概念とミクロ経済に関する重要な概念を順番に説明していきます。

しかしその前に、経済を語る上で、経済活動によってもたらされる状況の良しあしをどのように判断すればよいのかを紹介しておきましょう。ある経済の状況が望ましいのかそうでないかを判断する基準として、マクロ経済、ミクロ経済のどちらに注目するかにかかわらず、多くの場合には**「効率性」**と**「公平性」**が用いられます。

経済主体が経済活動を行った結果として生じる経済的な状況（家計による財・サービスの消費量、企業による財・サービスの生産量、政府による公共財・公的サービスの提供量など）のことは、一般に「配分」と呼ばれます。限られた経済的な資源がどのような経済活動によって、どのように経済主体の間に行き渡ったか、といった意味合いです。

ある「配分」が「効率性」を持っているとは、財・サービス、資産、生産要素（↓60ページ）などの経済的に価値あるものが経済全体において無駄なく上手に使い切られている状態を指します。

たとえば、ある財が本当は他にもっと高い値段で欲しがる人がいるにもかかわらず、それとは別の人に安く買われて消費されているのであれば、この財の「配分」が「効率的」であるとは言えません。

一方、ある「配分」が「公平性」を持っているというのは、経済的に価値のあるものが、経済主体の間に偏りなく行き渡っている状態、いわば平等に分配されている状態を指します。たとえば、誰もが欲しがるある財が、それを高く買える裕福な人だけに消費され、それ以外の人に行き渡らないとすれば、それは「公平性」を損ねていることになります。

大変残念なことに、どのような経済の仕組みを設けても、「効率性」と「公平性」は同時には達成されないことがしばしばです。

右に示した例でいえば、「高いお金を出す人に財が消費される」という状況は「効率性」の面からは望ましいのですが、「公平性」の面からすると必ずしも望ましくない可能性があるわけです。「効率性」と「公平性」の両者をできる限り両立させるように、日本を含む先進各国の経済の仕組みは構築されています。

これら二つの考え方は、第3章で市場経済について解説する際に再び取り上げることにします。

6 経済指標とは何か？

フロー指標とストック指標の二つがある

経済指標にはさまざまなものがあります。GDP、景気動向指数、マネーストック、貿易収支、財政赤字などなど、日々の新聞報道等で目にしたことがあるのではないでしょうか。こうした指標について次章から述べるための準備として、経済には**「フロー」**と**「ストック」**という重要な概念があることを第1章の締めくくりとして紹介したいと思います。

「フロー」と「ストック」は経済で量（金額や物量）を測る際に用いられる概念です。「フロー」は一定期間内にやりとりされる量の合計を意味します。一方、「ストック」はある一時点でとらえた量を意味します。

これを家計に例えるならば、「月々の給料」や「月々の消費額」に当たるものがフローです。そしてある時点の「預貯金や借入額の総額」に当たるものがストックです。フローとして流れる金額や財・サービスの量が一定期間蓄積されると、ある一時点でとらえた金額や財・サービスの量、すなわちストックになる、という関係性があります。

そして経済指標には、フローを測る「フロー指標」と、ストックを測る「ストック指標」があるのです。経済を見るためには、両方の指標を十分に区別して考慮する必要があります。

それはさしずめ、家計を語る際に、月々の給料の額だけでなく、貯金の額やローンの残高を考慮する必要があるのと同様です。

家計における「フロー」と「ストック」

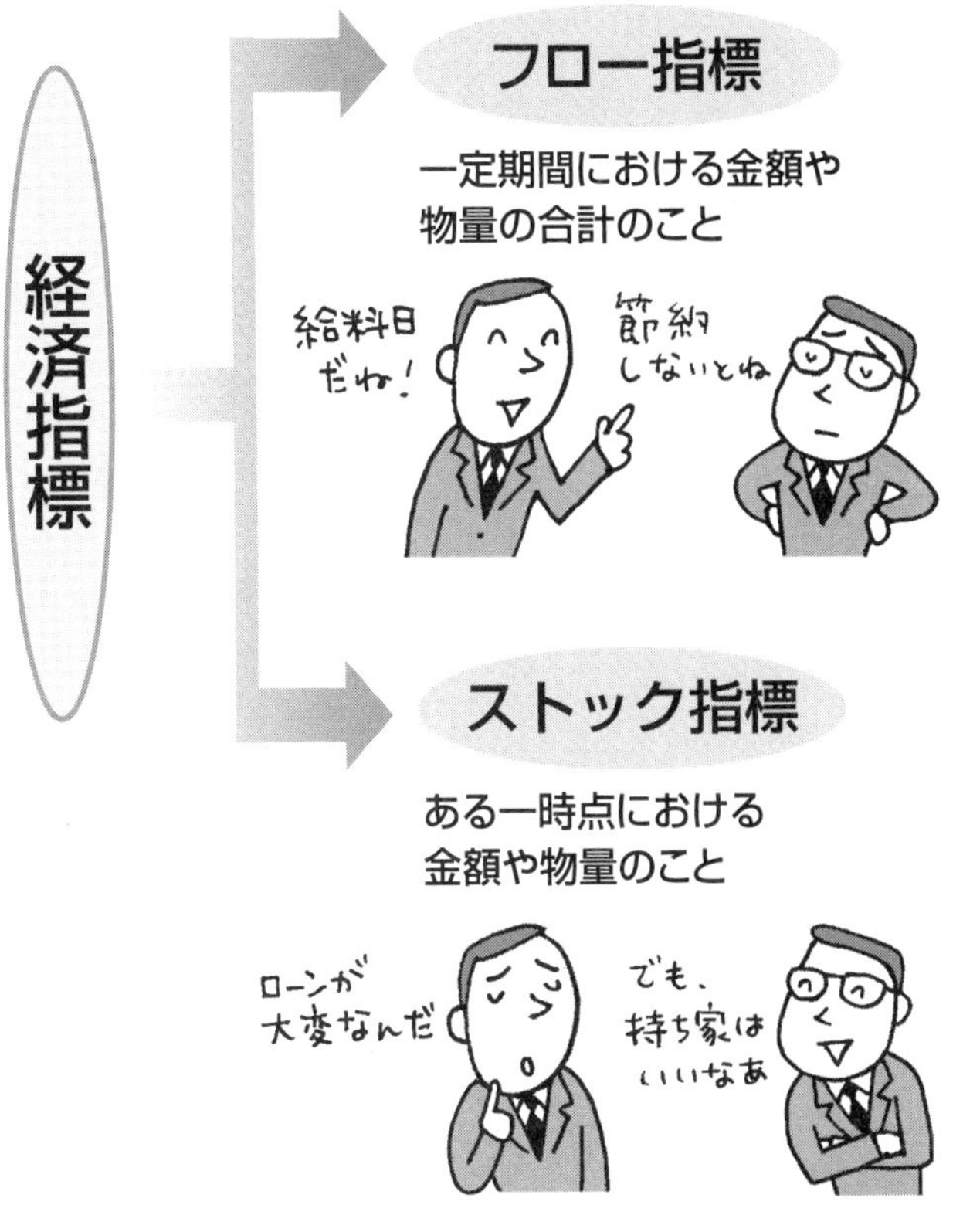

経済指標
フロー指標
一定期間における金額や
物量の合計のこと
給料日
だね！
節約
しないとね
ストック指標
ある一時点における
金額や物量のこと
ローンが
大変なんだ
でも、
持ち家は
いいなあ

経済を見るためには「フロー」と「ストック」の区別が大切

7 フロー指標とストック指標とは一体、何なのか?

具体的に、このような指標が用いられている

フローを測る指標として最も代表的なのは、次章の冒頭に述べるGDPです。前節で述べたとおり、家計では毎月の収入の額や消費支出の額もフロー指標に当たり、総務省の「家計調査」を通じてそれらが調査・公表されています。その他、**「機械受注額」「輸出入額」**などが公的機関から公表されており、ある期間の経済の状況を表す指標として有用です。また政府の財政状況を示す上で「財政赤字」といえば、1年間に政府が借金した金額(国債の発行額)を指します。一方、ストック指標として私たちがよく目にするのは、**「国債残高」**などです。フロー量である財政赤字が毎年蓄積されて、ある時点でいくらの借金総額があるかを指しています。家計においても、ある時点の貯蓄額や住宅ローン残高がストックに当たり、これも「家計調査」を通じて調査・公表されています。その他、公的に発表されているストック統計としては「固定資本ストック」や「外貨準備高」、**「マネーストック」**などがあります。

また、本書が取り上げる範囲を超えますが、個々の企業の活動を語る上でも、フローとストックの区別は重要です。企業会計上、各年度の売上額や費用、利益や損失の額などはフロー指標に当たり、「損益計算書」という帳簿にまとめられることになっています。一方、会計

年度末時点での預金の額や借入金の額、在庫品の総額などはストック指標に当たり、これは「貸借対照表」という帳簿に記載されます。

なお、経済指標の中には、量（物量や金額）で表されないものも数多くあります。「景気動向指数」や「失業率」、「物価」などは、量を表す指標ではなく、したがって「フロー」と「ストック」の分類には必ずしもなじみません。

主なフロー指標とストック指標

フロー指標

- GDP
- 機械受注額
- 輸入額・輸出額

ストック指標

- 国債残高
- 固定資本ストック
- マネーストック

会計の場合、フロー指標は損益計算書、ストック指標は貸借対照表に表示

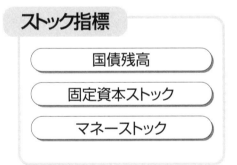

第2章

経済を見る二つの視点！

～マクロの視点とミクロの視点～

1 「経済成長」とは何だろう?

モノやサービスの付加価値額がモノサシになる

さて、ここからはマクロ経済を語る上で重要な概念について紹介します。まずは「GDP」という言葉を取り上げましょう。

新興国では高い経済成長率を実現しているとか、先進国では経済成長が停滞しているとか、そのような表現を報道等でしばしば目にするのではないでしょうか。その「経済成長」はどのようにして測られているのでしょうか。

そもそも、**経済成長とは「生み出された財・サービスの付加価値額が昨年よりも大きくなっている状況」のこと**を指します。その付加価値額を表す指標として用いられるのが**「GDP」(国内総生産)**です。

これは、「一定期間に国内で生産された付加価値の総額」を表すフロー量であり、ある国のある期間における経済活動全体の規模を示しています。そしてGDPが伸びていることで経済が成長していると判断します。「付加価値」の意味は40ページで説明します。

なお、GDPに関する統計は「国民経済計算」と呼ばれ、日本においては内閣府が四半期(3カ月)ごとに発表します。新聞やテレビで報道されるほか、ウェブサイトでも公表されていますので、私たちは日本経済がどれだけ成長しているか、簡単に把握することができます。

特に、世の中で注目されるのは「実質ＧＤＰ成長率」の数字です（「実質」の意味は１６２ページで説明します）。

経済成長の測り方

経済成長
＝
経済活動がより活発になること
その額を表す指標として用いられるのが
GDP
（国内総生産）
一定期間に国内で生産された付加価値の総額
GDPが伸びているときには
経済が成長していると判断される

2 「GDP」の正体とは?

「GDP」は生み出され、需要され、分配される

ＧＤＰを「付加価値の総額」と説明しましたが、それでは**「付加価値」**とは一体何なのでしょうか？　たとえば、あなたがパン屋だったとしましょう。１００円で売るパンを作るために、30円の小麦を仕入れたとすれば、あなたの経済行動によって差し引き70円の「付加価値」が生み出されたことになります。また、小麦粉を作る製粉業者が、30円の小麦粉を作るために10円分の小麦を輸入したとすれば、製粉業者は差し引き20円の「付加価値」を生み出したことになります。

「付加価値」のイメージがつかめたでしょうか？　**一定期間（四半期や年など）に作り出された「付加価値」を国内の全産業にわたって合算したものがGDP**ということになります。

ところで、ＧＤＰが生み出されるということは、財やサービスを欲しいと思う人がいることが大前提です。当たり前のようですが、パンが１００円の価値を持つためには、パンを１００円で買いたいと思う人がいなければなりません。このように、ＧＤＰとして生み出された付加価値は必ず誰かに需要されているはずです。すなわち、付加価値の総額であるＧＤＰは、同時に世の中全体の需要額でもあるのです。さらに、ＧＤＰから生み出された付加価

値は、パン屋や製粉工場で働いた労働者の賃金などとして分配されます。したがって、GDPは世の中全体に分配されるお金の総額でもあります。

このように、GDPは理論上、付加価値額（生産面）、需要額（支出面）、分配額（分配面）、いずれの見方でとらえても金額が一致します。この原理は**「三面等価」**と呼ばれます。

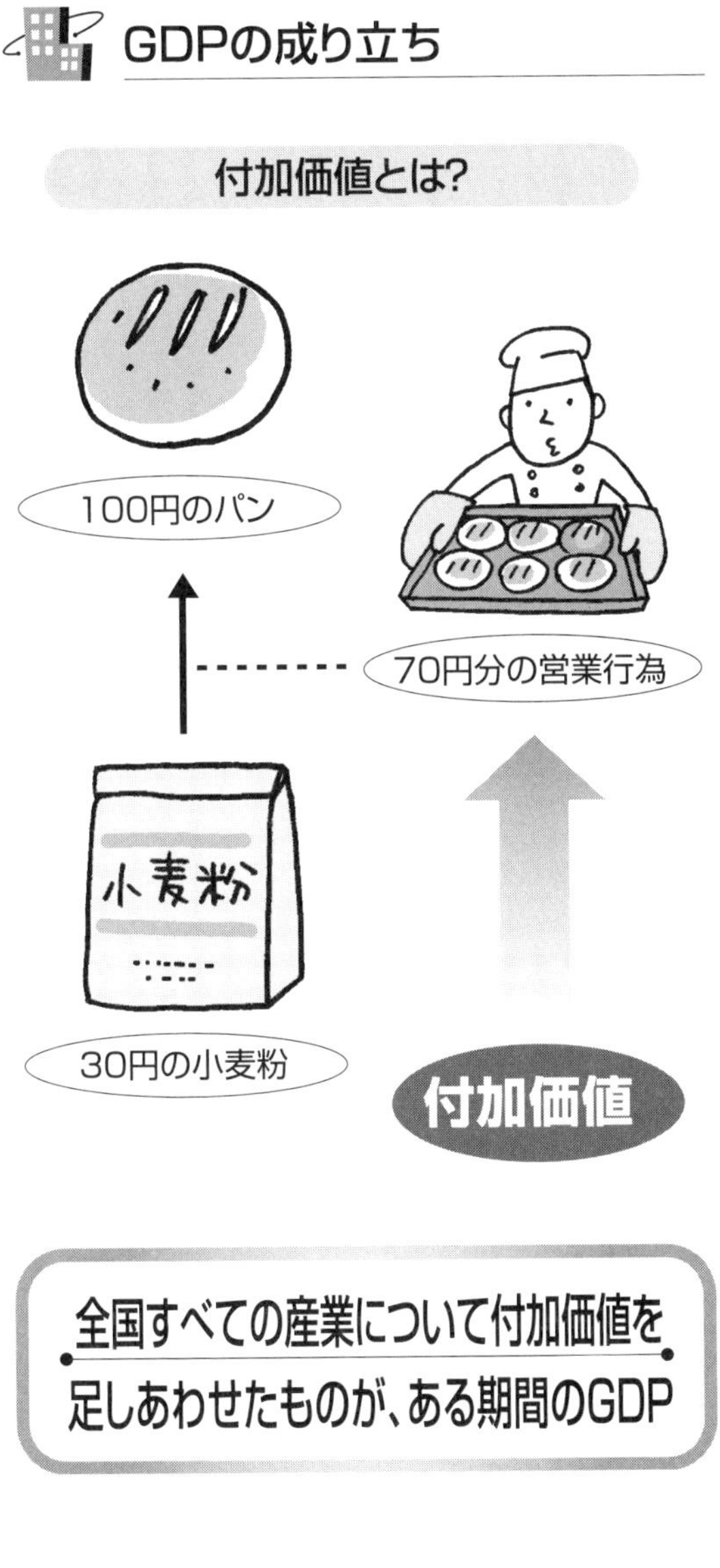

3 「GDP」で計測できるもの、できないもの

すべての社会現象を「GDP」で測れるわけではない

前節で説明したように、**GDPは、国内の付加価値を網羅的に足し合わせたもの**です。それは、経済的な取引として目に見えるものだけではありません。

たとえば、自分で所有している持ち家に住んでいる人は、自分で自分に家賃を支払っているとみなされ、そこで仮想された家賃の額はGDP統計に含まれています。こうしたみなし計算のことを、**「帰属計算」**と呼んでいます。

持ち家の家賃に関する「帰属計算」を行わないと、持ち家に住んでいる人がそこを他人に賃貸した途端、家賃収入がGDP統計に表れて、実質的には経済活動の規模に変化がないのにGDPが増える、というおかしなことが起こってしまいます。

さて、こうして作られるGDPは、経済成長を測ると同時に、私たちの暮らしの「豊かさ」を測る有効なモノサシであると言えます。国の経済が成長すれば、私たち国民の生活も物質的に充実するのが普通だからです。しかし、豊かさを測る万能の基準ではありません。

たとえば、家事労働。家庭の幸福に少なからず影響を与えていると考えられますが、GDP統計には含まれていません。また、経済的な取引を伴わない趣味の活動やボランティア活

動もＧＤＰの対象外です。さらに、公害のような社会問題も、ＧＤＰではとらえられません。したがって、**ＧＤＰを豊かさのモノサシとするには限界もあるのですが、それでも国の経済活動の規模を示す指標としてきわめて有用であり、最も重要な経済指標であると**考えられています。

GDPには範囲がある

4 「景気循環」のメカニズム

景気はある周期で拡大と後退を繰り返す

マクロ経済を語る上で重要な概念として、次に「景気」を取り上げます。景気は、不思議な性質を持っています。それは、**好景気→景気後退→不景気→景気回復（景気拡大）→好景気というサイクルを必ず繰り返す**ということです。これを、**「景気循環」**と呼びます。

たとえば、景気は次のようなプロセスを巡り、一巡します。景気が良いと給与は上がり、収入が増えた消費者はより多くの財・サービスを買おうとします。すると値段が高くても売れやすくなるので、企業は商品の値段を引き上げようとし、やがて物価が上昇していきます。

そして、ひとたび多くの消費者に財・サービスが行き渡ると、そのうち今度は財・サービスの売れ行きが悪くなるでしょう。すると、企業の生産は縮小し、それに伴って賃金カットや人員整理が起こります。

所得が抑えられることになるので、高いものは売れなくなり、物価は上がりにくく、時には下がることもあります。価格が抑えられると、財・サービスのお得感を強めますから、やがて徐々に財・サービスが売れるようになり……そして景気が上向きに転じるのです。

なお、近年の景気の動向ならびに景気と物価の関係については、100ページ以降で詳しくおさらいします。

景気のメカニズム

5 「景気動向指数」で一体、何が測れるのか？

50％以上であれば「景気拡大」していると判断する

私たちが口にする「景気が良い」という言葉。実は、何を指しているのか、あいまいです。ＧＤＰが伸びることなのか、個人の給料が上がることなのか、企業の業績が回復することなのか、またお店でたくさんの商品が売れることなのか、失業率が低下することなのか。

実際のところ、今挙げたものはいずれも好景気に向かっていることを示す現象の一つではあります。しかし、ある特定の現象で国全体の景気を判断できるわけではありません。景気の状況を知るには、内閣府が発表している「**景気動向指数**」が一般的に使われています。

これは、景気の動きに連動すると考えられる指標を複数選び出し、個々の指標それぞれについて、景気の拡大を示しているか、景気の縮小を示しているかをチェックし、設定した指標のうち景気の拡大を示した指標がどれだけの割合だったかを**ＤＩ（ディフュージョン・インデックス）**として表したものです。

ＤＩが50％を超えれば、景気の拡大を示す指標が過半数であったことになり、そのときに景気が拡大していると解釈されます。逆に、ＤＩが50％を下回れば、景気は後退していると解釈されます。

景気動向指数(DI)の変化方向表

		2021年	1月	2月	3月	4月	5月	6月
一致系列	1	生産指数(鉱工業)	+	+	+	+	-	+
	2	鉱工業用生産財出荷指数	+	+	+	+	-	+
	3	耐久消費財出荷指数	-	-	-	-	-	-
	4	労働投入量指数(調査産業計)	-	-	+	+	-	-
	5	投資財出荷指数(除輸送機械)	+	+	+	+	+	+
	6	商業販売額(小売業)(前年同月比)	-	-	+	+	+	-
	7	商業販売額(卸売業)(前年同月比)	+	+	+	+	+	+
	8	営業利益(全産業)	+	+	+	+	+	+
	9	有効求人倍率(除学卒)	+	+	+	-	□	+
	10	輸出数量指数	+	-	+	+	+	+
		拡張系列数	7	6	9	8	5.5	7
		採用系列数	10	10	10	10	10	10
		一致指数	70.0	60.0	90.0	80.0	55.0	70.0

10種類の指標のうち、景気拡大を示すもの(＋印)を1点、景気後退を示すもの(ー印)を0点、どちらでもないもの(□印)を0.5点として足し合わせたのが「拡張系列数」。これを採用系列数で割ったものがDI一致指数(5.5÷10＝55.0%)

出所:内閣府経済社会総合研究所景気統計部

【先行系列として採用されている指標(11指標)】
最終需要財在庫率指数、鉱工業用生産財在庫率指数、新規求人数(学卒を除く)、実質機械受注(製造業)、新設住宅着工床面積、消費者態度指数、日経商品指数(42種総合)、マネーストック(M2)(前年同月比)、東証株価指数、投資環境指数(製造業)、中小企業売上げ見通しDI

【遅行系列として採用されている指標(9種類)】
第3次産業活動指数(対事業所サービス業)、常用雇用指数(調査産業計)(前年同月比)、実質法人企業設備投資(全産業)、家計消費支出(勤労者世帯)(前年同月比)、法人税収入、完全失業率(逆サイクル)、きまって支給する給与(製造業、名目)、消費者物価指数(生鮮食品を除く総合)(前年同月比)、最終需要財在庫指数ただし、ＤＩは指標の割合を示すものですから、その数値の大小は景気拡大や景気後退のペースを示すわけではありません。そのため内閣府は、景気の動きの勢いを示せるように、統計的に処理された景気動向指数である**ＣＩ（コンポジット・インデックス）**も公表しています。

景気動向指数を作成するために用いられている指標は、景気の動きとの時間差に応じて3種類に分類されています。

すなわち、景気に先行して動く指標である**「先行系列」**、景気と同時に動く指標である**「一致系列」**、景気を後追いして動く指標**「遅行系列」**、これらの3種類です。現在、先行系列に11種類、一致系列に10種類、遅行系列に9種類、計30種類の指標が景気動向指数を構成するために選ばれています。

さて、景気動向指数のうち、ＤＩ指数が50を超えていれば、ただちに景気が回復していると結論付けてよいのでしょうか。あるいはＣＩ指数が上昇していることをもって、景気が回復しているといえるのでしょうか。

この点、内閣府は慎重な姿勢をとっています。内閣府は不定期に「景気動向指数研究会」を開催し、有識者による議論を踏まえた上で、景気の山や谷がいつだったか（これを「景気基準日付」と呼びます）を事後的に決めているのです。

たとえば２０１４年5月に開催された同研究会において、直前の景気の谷が２０１２年

景気動向指数研究会が事後に分析した景気の山と谷

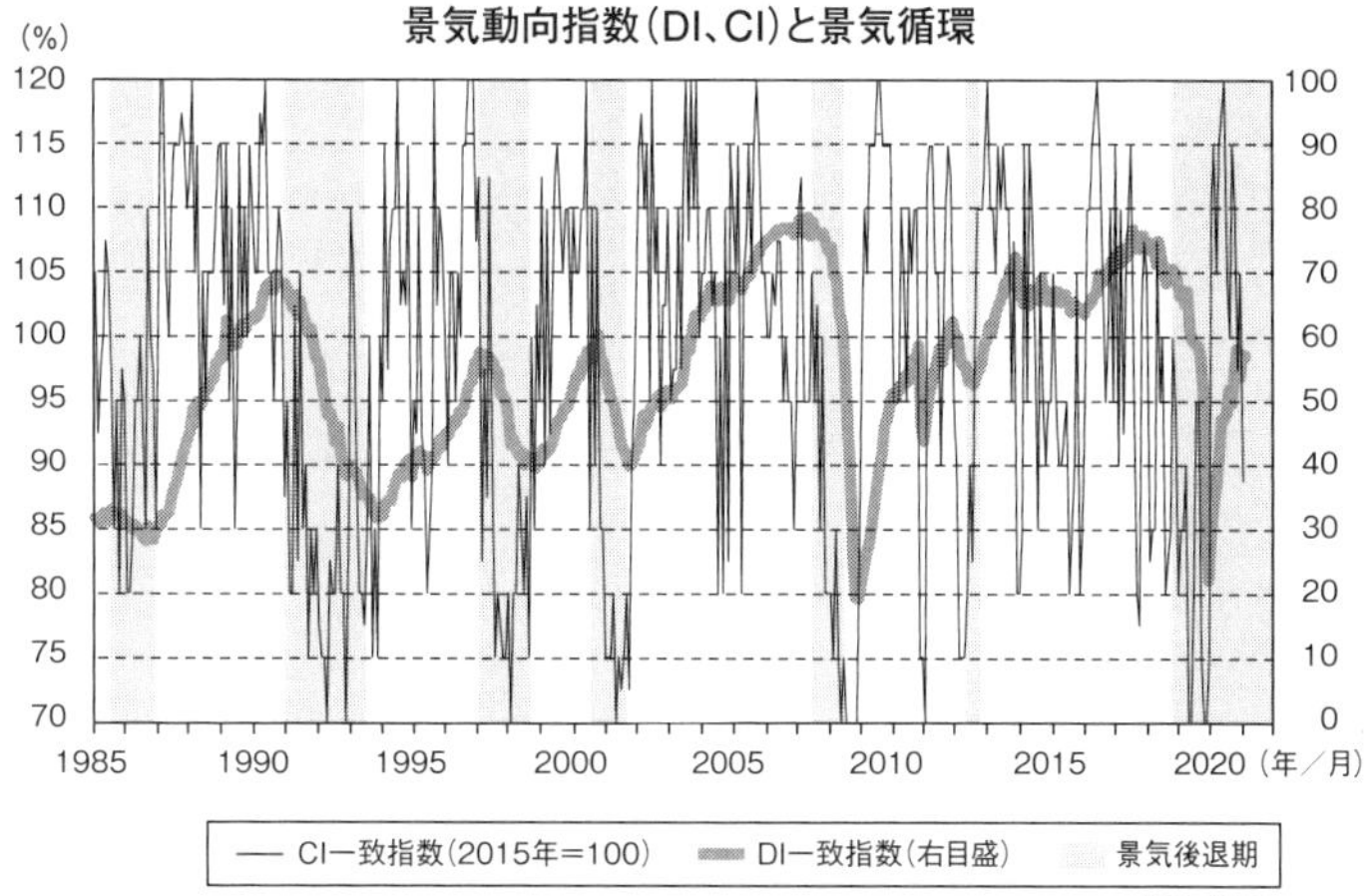

出所:内閣府

11月だった、と暫定的に設定されました。その後2015年7月に開催された同研究会で、2012年11月が景気の谷であったと確定しました。また2020年7月に開催された同研究会において、2018年10月が景気の山であった、と暫定的に設定されました。その後本稿執筆時点まで、「確定」には至っていません。

上のグラフには、このようにして内閣府が公表した「景気基準日付」に基づいた景気後退期（すなわち、景気の山から景気の谷に至る期間）が網掛けで示されています。

ちなみに、景気動向指数研究会は不定期に景気動向指数を構成する指標の見直しも行っています。直近では2021年1月に一部の指標が変更となりました。

6 さまざまな景気判断の指標とは?

企業が感じている景気の良しあしを調べるものも

景気を知るための代表的な指標として「景気動向指数」を紹介しましたが、他にも公的な機関から景気に関する統計が公表されています。

たとえば、日本銀行（日銀）が調査、公表する「全国企業短期経済観測調査」**（日銀短観）**があります。これは、日銀が年に4回、約1万社の民間企業に対してアンケートを実施し、その結果をまとめたものです。

主な設問は、業況や商品の売れ行き、在庫の水準、資金繰りなどについて、最近の状況や今後の見通しを問う形式のものです。その他、現在の営業成績やその見通し、設備投資の状況と今後の見通しなども併せて尋ねます。

これらの調査結果をとりまとめたもののうち、最も注目されるのは**「業況判断DI」**という指標です。これは、回答する企業の業況について、「良い」と答えた企業の割合から「悪い」と答えた企業の割合を差し引いたものです。そのため、ある時点においてこの指標がプラスに出れば「景気が良い」と考える企業の割合が多く、逆にマイナスに出れば「景気が悪い」と考える企業の割合が多いことが示されます。企業の割合をもとにとらえる指標ですので

「第189回全国企業短期経済観測調査」の結果概要

（2021年6月調査）

		業況判断							
		全規模合計		大企業		中堅企業		中小企業	
		最近	先行き	最近	先行き	最近	先行き	最近	先行き
製造業	「良い」	22	17	23	20	24	17	20	16
	「悪い」	20	17	9	7	19	18	27	22
	DI	2	0	14	13	5	-1	-7	-6
非製造業	「良い」	17	12	18	15	16	12	23	15
	「悪い」	24	21	17	12	24	20	13	18
	DI	-7	-9	1	3	-8	-8	-9	-12
全産業	「良い」	19	14	21	17	19	14	18	13
	「悪い」	22	19	13	9	22	19	26	23
	DI	-3	-5	8	8	-3	-5	-8	-10

出所：日本銀行「短期経済観測調査」

アンケート調査に回答した大企業のうち、最近の業況判断を「良い」と答えた企業の割合（21%）から「悪い」と答えた企業の割合（13%）を差し引いた値（8）が、"業況判断"における大企業（全産業）のDIとなります。

※"業況判断"（「良い」－「悪い」）のほかにも、DIを測る対象となる指標には"国内での製商品・サービス需給"（「需要超過」－「供給超過」）、"生産・営業用設備"（「過剰」－「不足」）、"資金繰り"（「楽である」－「苦しい」）、"販売価格"（「上昇」－「下落」）、などがあります。

で、景気の良しあしの実感が企業の間でどの程度広がっているのか、いわば景気のすそ野の広がりを示すのに好都合と言えます。

逆に、業況判断ＤＩの値が大きいからといって、必ずしも景気拡大の勢いが著しいということを意味しているわけではない、という点に、やはり注意が必要です。

このほか景気の動きを示す指標として、「景気ウォッチャー調査」における景気の**「現状判断ＤＩ」**や、**「消費者態度指数」**が挙げられます。これらはいずれも内閣府が実施するアンケート調査に基づいた指標であり、いずれも毎月公表されることから、景気の動きを迅速にとらえることを狙いとしたものといえます。

7 好況・不況のサイクルには法則があるのか？

昔から景気を「波」になぞらえて、さまざまな学説が唱えられてきた

44ページで「景気は循環する」と述べましたが、この循環の原動力について、昔からいろいろな学説が唱えられてきました。現代では四つの学説が広く受け入れられており、提唱者の名前を冠して知られています。

一つ目は、**「キチンの波」**です。これは企業の在庫の増減と連動する景気の循環であり「需要増→在庫減→生産増→需要減→在庫増→……」といった周期を約40カ月で繰り返すと言われています。左ページには、実際にキチンの波が明確に観察された時期の在庫と生産の関係を示しました。約6年で2周の「在庫循環」を巡っていたことがわかります。

二つ目は、約10年周期の**「ジュグラーの波」**です。企業の生産設備が10年程度で買い替えられ、そのペースと一緒に景気が循環することに着目した説です。

三つ目は**「クズネッツの波」**です。これは約20年周期と言われています。建築物の更新の時期や、世代交代に伴う住み替えと同じペースでの循環であると考えられています。

最後は、おおむね40~60年と、最も長い周期をもつ**「コンドラチェフの波」**です。これは景気に強い影響を与えるような技術革新によって起こる景気循環で、そうした技術革新が約

半世紀に一度生じる、という考え方です。

具体的には、２０００年前後から発展した情報技術からさかのぼって、１９５０年前後から発展した石油エネルギー（自動車）、１９００年頃から発展した電気エネルギー、１８５０年頃から発展した製鉄と鉄道、１８００年頃から始まった産業革命（蒸気機関の実用化）、これらがコンドラチェフの波の原動力となった（そして、今もなっている）と目されています。

実際の景気循環は、こうした学説が想定する要素を含めた複数の要因が絡まり合って起きていると考えられます。

キチンの波の原動力となる在庫循環の例

（1997年第1四半期から2002年第4四半期）

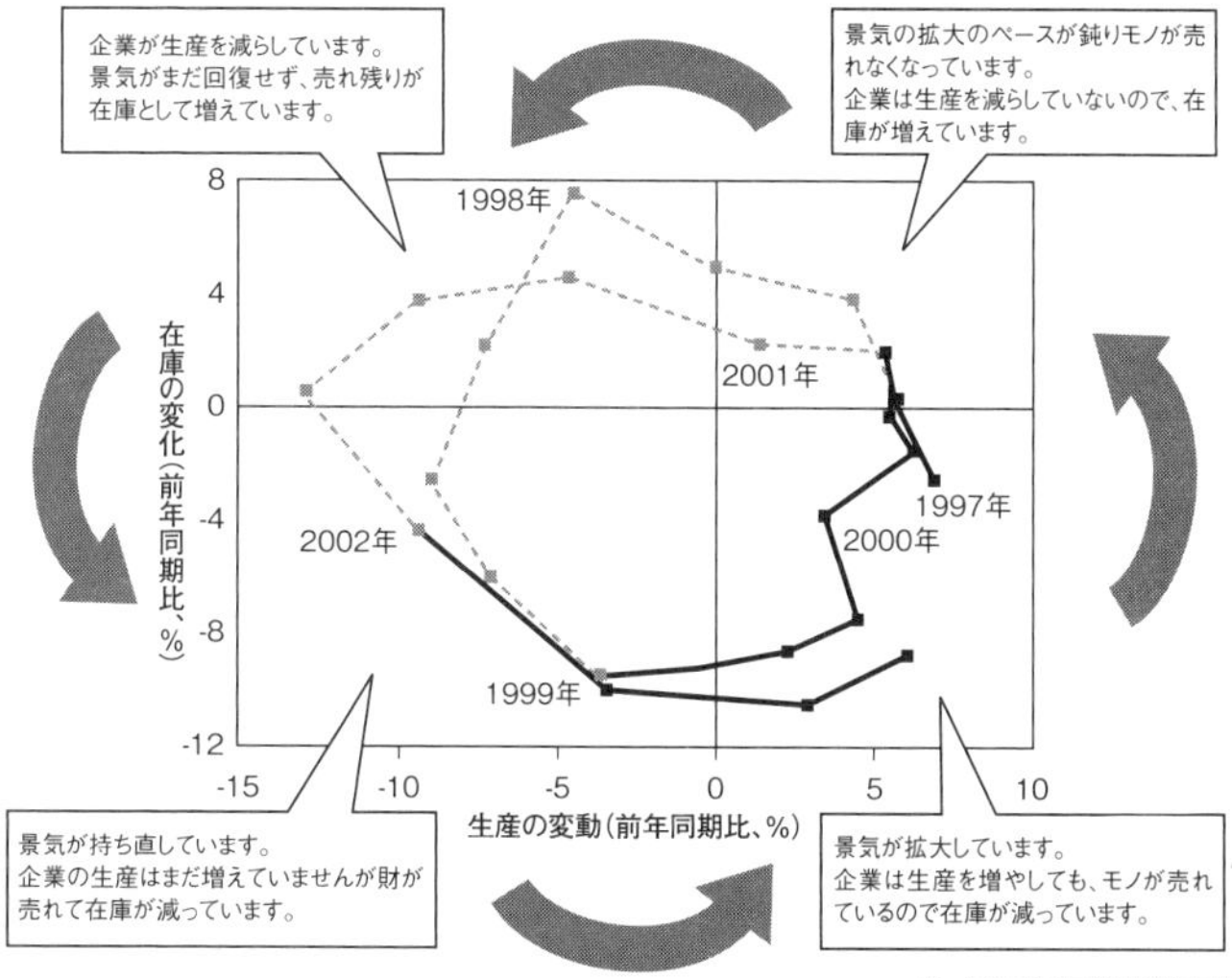
企業が生産を減らしています。
景気がまだ回復せず、売れ残りが在庫として増えています。
景気の拡大のペースが鈍りモノが売れなくなっています。
企業は生産を減らしていないので、在庫が増えています。
在庫の変化（前年同期比、%）
生産の変動（前年同期比、%）
8
4
0
-4
-8
-12
-15
-10
-5
0
5
10
1998年
2001年
1997年
2000年
2002年
1999年
景気が持ち直しています。
企業の生産はまだ増えていませんが財が売れて在庫が減っています。
景気が拡大しています。
企業は生産を増やしても、モノが売れているので在庫が減っています。

注:点線は景気後退期を示す。
出所:経済産業省「鉱工業指数」

8 景気の現状に対する政府の見解

月例経済報告や日銀短観の「基調判断」が注目される

景気を示すいくつかの指標を既に紹介しましたが、結局のところ景気は上向いているのか下向いているのか判断するのは、やはり簡単なことではありません。そこで便利なのが、政府や日銀の公表資料です。

内閣府は毎月中下旬ごろ**「月例経済報告」**というレポートを公表しています。このレポートは8~10ページ程度で構成されており、「消費・投資等の需要動向」「企業活動と雇用情勢」「物価と金融情勢」「海外経済」の4項目からなる「各論」と呼ばれる部分が主な中身となっています。しかし、最も注目されるのは、レポートの「総論」部分の冒頭の一文です。ここには景気の状況を端的に表す一文が掲げられることが恒例となっており、これはいわば景気に対する政府の「公式見解」を一言で表したもの、といえます。景気の現状に対する見方のことを一般に**「基調判断」**と呼んでいますが、この一文には政府の基調判断が凝縮されているのです。そして「月例経済報告」の表紙にはこの一文が大きめの文字で書かれており、したがって本文に目を通さずともそのエッセンスを理解できるようになっています。

景気の状況をより詳細に示す公的なレポートとしては、日銀の「経済・物価情勢の展望」

「月例経済報告」における基調判断の変遷（2019年～）

	基調判断	
2018年１月～	景気は、緩やかに回復している。	↗
2019年３月～	景気は、このところ輸出や生産の一部に弱さもみられるが、緩やかに回復している。	↘
5月～	景気は、輸出や生産の弱さが続いているものの、緩やかに回復している。	↘
10月～	景気は、輸出を中心に弱さが長引いているものの、緩やかに回復している。	↘
12月～	景気は、輸出が引き続き弱含むなかで、製造業を中心に弱さが一段と増しているものの、緩やかに回復している。	↘
2020年３月	景気は、新型コロナウイルス感染症の影響により、足下で大幅に下押しされており、厳しい状況にある。	↘
4月～	景気は、新型コロナウイルス感染症の影響により、急速に悪化しており、極めて厳しい状況にある。	↘
6月	景気は、新型コロナウイルス感染症の影響により、極めて厳しい状況にあるが、下げ止まりつつある。	↗
7月～	景気は、新型コロナウイルス感染症の影響により、依然として厳しい状況にあるが、このところ持ち直しの動きがみられる。	↗
10月～	景気は、新型コロナウイルス感染症の影響により、依然として厳しい状況にあるが、持ち直しの動きがみられる。	⇨
2021年２月～	景気は、新型コロナウイルス感染症の影響により、依然として厳しい状況にあるなか、持ち直しの動きが続いているものの、一部に弱さがみられる。	↘
5月～	景気は、新型コロナウイルス感染症の影響により、依然として厳しい状況にあるなか、持ち直しの動きが続いているものの、一部で弱さが増している。	↘

前回からの変更（↗:基調判断の引き上げ、↘:基調判断の引き下げ　⇨:表現変更）

（通称**「展望レポート」**）も代表的です。「展望レポート」は年に4回（1月、4月、7月、10月）に公表されることになっていますので、四半期ごとの景気の状況を示すレポートであるといえます。「月例経済報告」に比べるとより専門的な大部のレポートですが、これも冒頭の一文に基調判断のエッセンスが書かれることが恒例となっています。

なお、いずれのレポートにおいても、前回公表分と比べて景気の基調判断が変更されたときには、「基調判断が引き上げられた」あるいは「基調判断が引き下げられた」という言い方をします。

9 私たち一人ひとりが担う経済の役割とは？

最も身近な経済主体は「家計」

ここからは、ミクロ経済を語る上で大切な概念である「経済主体」と「市場《しじょう》」について順番に解説していきます。

まずは既に紹介した四つの経済主体について、一つずつ見ていくことにしましょう。最初は私たち自身が構成する**「家計」**を取り上げます。

家計とは、私たち一人ひとりの「財布」のことだと考えてください。私たちは、企業に「労働」と「資本」（これらは「生産要素」と呼ばれ、60ページで解説します）を提供した見返りに得たお金で、消費と貯蓄を行います。また、得られたお金の一部は税金として政府に納められ、私たちが日々受けている公共のサービスのために利用されるのです。

限られた収入から最大の満足を得るために（こうした**個人の満足度のことを「効用」と呼びます**）、その収入をどれだけ消費し、いくら貯蓄するか、あるいは限られた時間をどのように労働と余暇とに充てるか、これらが家計による意思決定となり、それに基づく行動が経済活動として実現するのです。

ところで、家計による消費はわが国のGDPの半分以上を占めています（166ページ）。

したがって、景気に及ぼす影響もきわめて大きなものです。家計の消費支出が上向けば、家計が消費する財やサービスを提供する側の企業の業績も好転しやすくなり、ひいては企業の利益の増加を通じて納税額も増え、政府の財政が豊かになります。

家計が景気に与える影響とは？

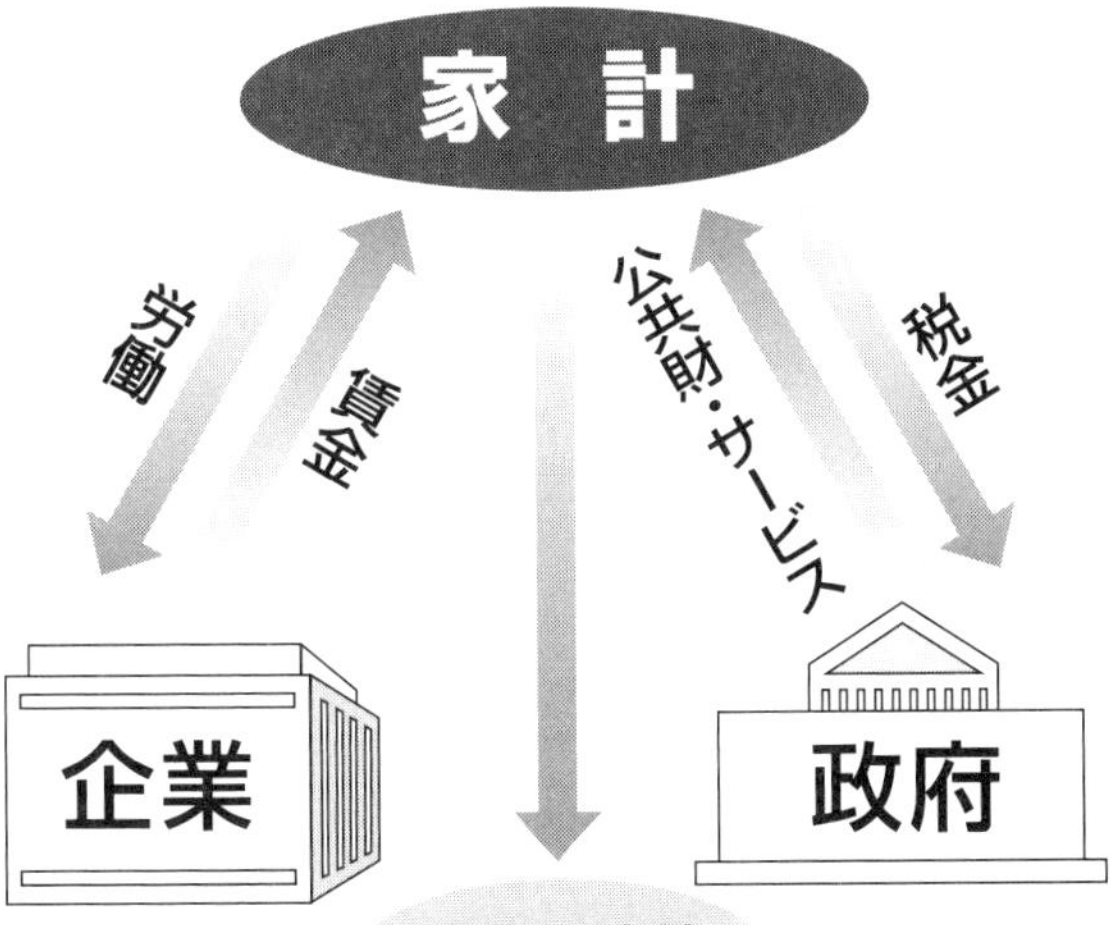

10 家計による消費はどう決まるのか？

私たちの経済活動は景気動向に大きく左右されている

私たち自身の行動をかえりみれば当然のことですが、**消費は収入によって大きく左右されます。**一般の家計にとって主な収入は労働から得られる賃金ですので、賃金が伸びることは消費拡大につながり、逆に賃金の伸び悩みによって消費拡大は抑えられます。

また、資産価格（金利、株価、地価など）の変動も、利息や配当から得られる収入や、資産を売却するときに得られる収入を変化させることから、間接的に消費にも影響を及ぼします（これを「資産効果」と言います）。近年では消費に対する「資産効果」の影響が増大しているのではないか、という指摘もみられます。

その要因として、①高齢者を中心に預貯金や株式などの資産を取り崩して消費に充てる人が増えていること（少子高齢化については186ページ）、②支給額が資産運用成績に連動するタイプの年金が登場したこと、などが挙げられます。実際、アベノミクス（156ページ）に伴う株価や地価の上昇を背景として一時的に消費が拡大したことが指摘されています。

なお、現時点の賃金や資産価格だけではなく、将来的な賃金や資産価格の推移に対する期待（予想）も消費に無視できない影響を与えています。たとえば「今後は賃金が伸びないのではないか？」「老後の資金は足りるだろうか？」「将来、増税がなされるのではないか？」などといった不安が膨らむと、支出を抑えて貯蓄に回そうとする気持ちが生まれ、やはり消費は伸び悩みがちになります。

消費に対する「心理的な効果」

先行きを楽観していると…

ありがとうございました
またヘソクリ使っちゃったわ

今後、私たちが、「老後の資金は足りるか？」という不安が膨らむと貯蓄しようという気持ちが生まれる

11 企業が経済の中で果たしている役割とは？

家計や政府が消費するモノやサービスを提供する

経済主体の二つ目として、「企業」を取り上げます。**「企業」は、財やサービスを生産し、家計と政府に提供する役割を担う経済主体**です。

企業の活動のもとになる資源は「生産要素」と呼ばれています。**「生産要素」は「労働」「土地」「資本」の三つに分類される**ことが一般的です。

労働とは、家計から提供される人的な技術や力のことです。資本とは、建物や機械などの設備（これを物的資本と言います）や、企業の持つ現金や預貯金（これを金融資本と言います）のことを指します。資本もその一部は家計から提供されます。家計から企業への資本の流れについては、62ページで詳しく見てみます。

土地は、工場、オフィス、店舗などを設けるための土地を意味します。なお、労働に対してその見返りに賃金を支払うのと同じように、企業が資本を他人から借りて使う場合は利子、土地を借りて使う場合は地代（賃借料）という形で対価を支払います。

企業は、生産要素を用いて生産した財やサービスを販売することで利益を得ます。多くの利益を上げるため、企業はさまざまな努力を重ねなければなりません。

企業による生産要素の活用

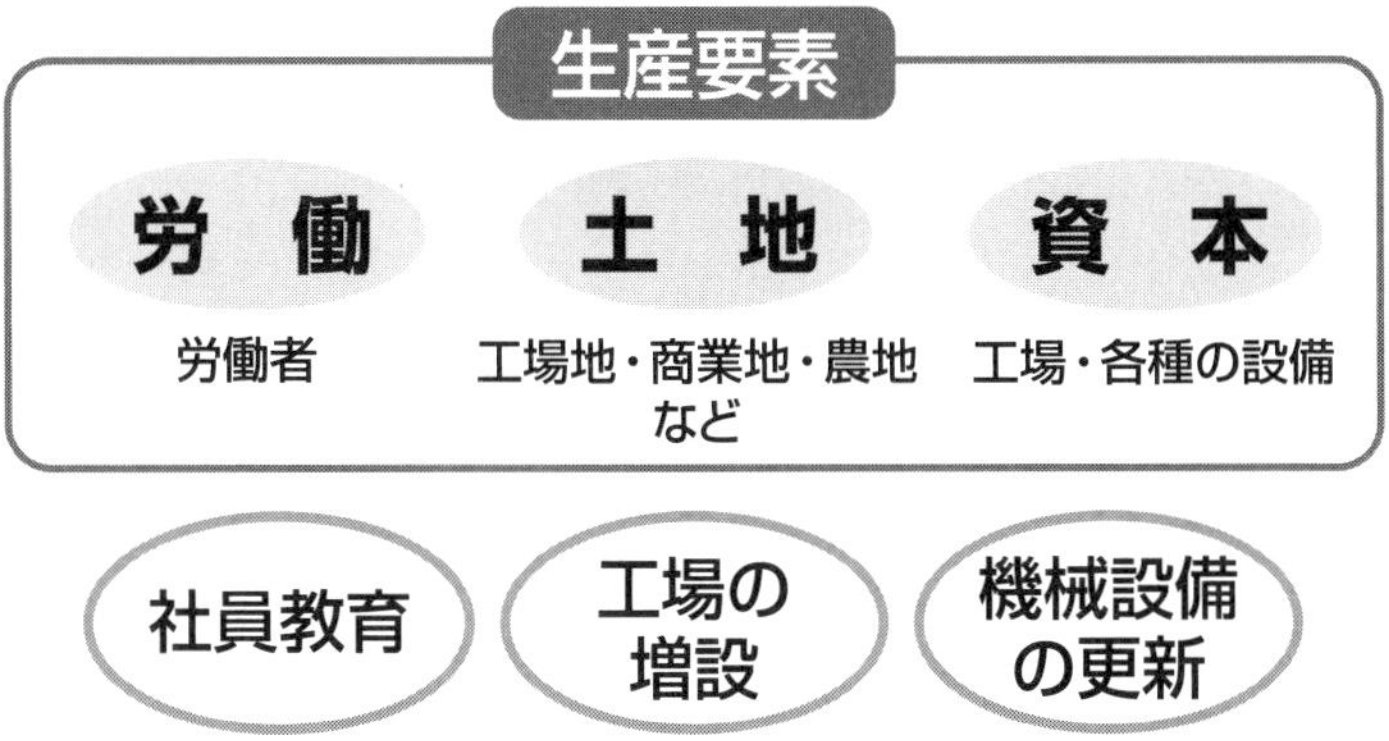

たとえば、新たな工場を造って生産量を増やして売り上げの規模を大きくしたり、売り上げに占める利益の割合を高めるために機械を導入してコスト削減を図ったり、あるいは社員教育や研究開発にお金を割いて、将来の新たな収益源を模索したりします。

このように企業は利益を最大化するために、限られた生産要素をどのように用いてどのような生産活動を行うかを日夜、意思決定しているのです。

近年では、社会貢献をはじめとした一見すると利益につながらないような活動を行っている企業も見られますが、これらの活動についても「より良い社会に貢献することがより高い収益の基盤となる」という観点からの利益最大化行動の一環ととらえることができます。212ページで述べるＥＳＧも、企業の長期的な利益獲得に則って実現するものと考えられます。

12 家計から企業へと提供される資本とは？

資本の動きを仲立ちする役割を担う銀行と証券会社

実は、**家計による貯蓄は企業が用いる「資本」となって、企業の活動に役立てられています。**では、その流れを見てみましょう。

家計の貯蓄は一般に銀行や郵便局に預けられます。彼らは多くの人たちから集めたお金を、まとまった額のお金として企業に貸し付けます。企業はこうして借り受けたお金を生産要素でいうところの「資本」として、さまざまな企業活動に充てます。

このように、資金の出し手としての家計から、資金の受け手としての企業へと、銀行を仲立ちとして資金が融通されることを指して**「間接金融」**と呼びます。

一方で、貯蓄の一環として、私たちは証券会社を通じて株式や社債などを購入することができます。これらは、資金の出し手である家計から資金の受け手である企業へと直接的にお金が融通されるものですから、**「直接金融」**と呼ばれます。

こうして、銀行や証券会社といった金融機関は、それぞれが「間接金融」「直接金融」を担うことで、家計が貯蓄として提供する資金を企業に融通する役割を果たしているのです。

家計から企業へ流れるお金

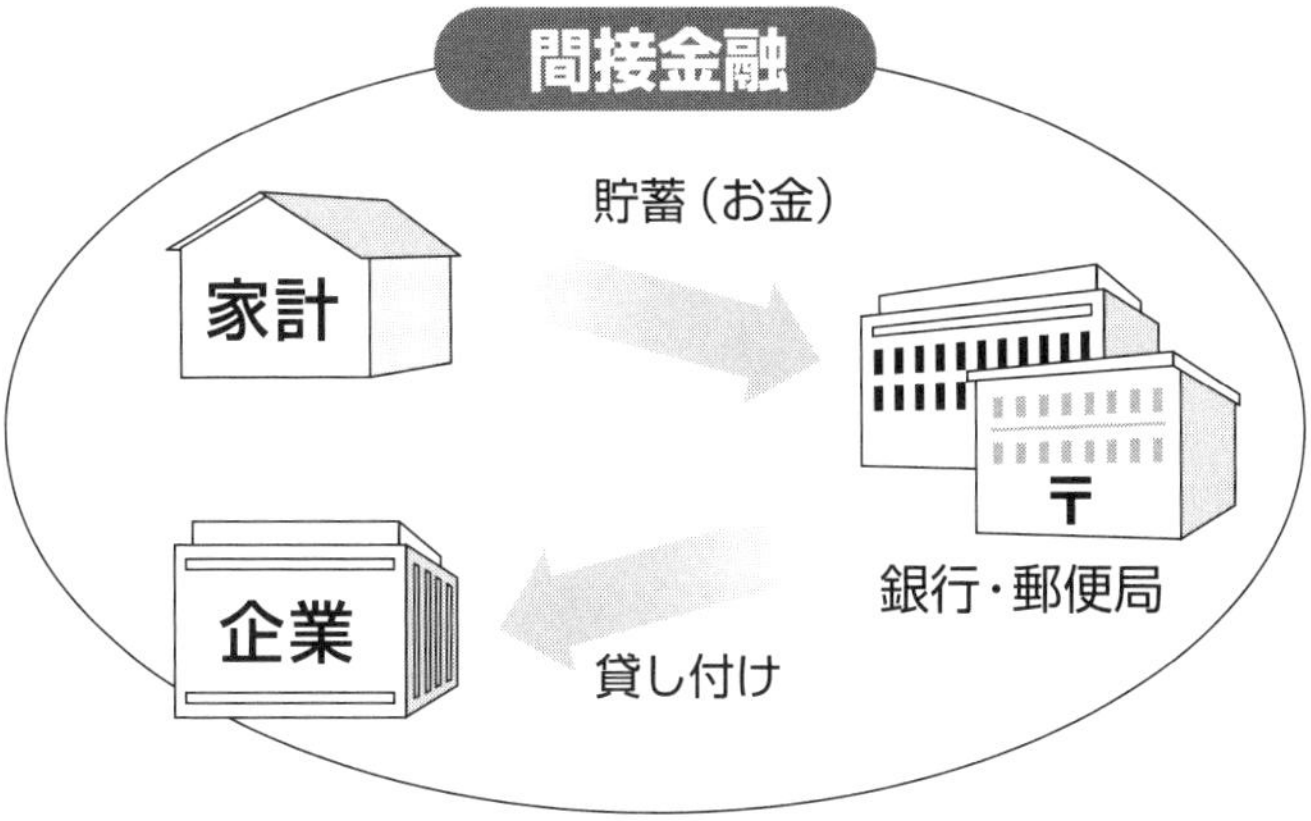

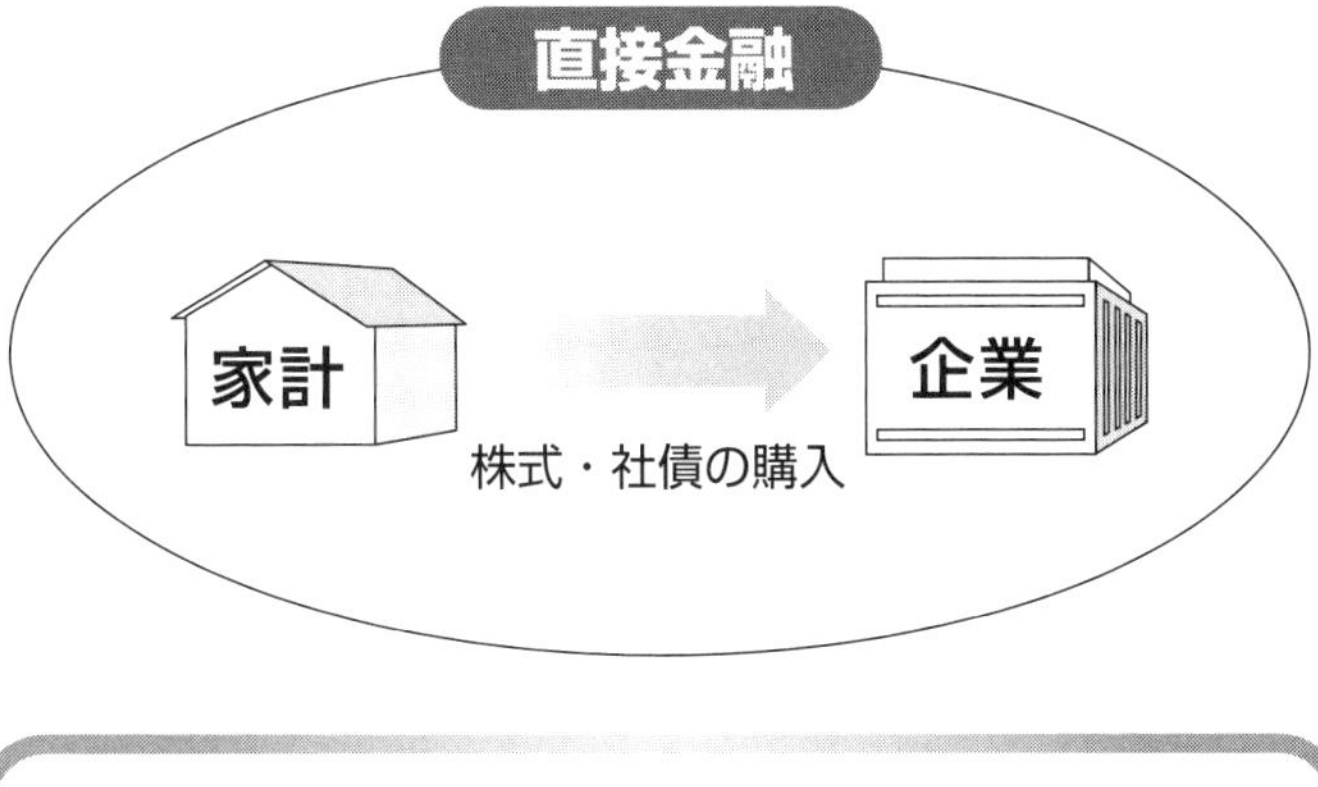

従来の間接金融中心から
近年では直接金融にシフト

13 経済主体としての政府とは？

民間には任せることができない大きな役割がある

三つ目の経済主体である**「政府」とは、国や地方自治体のこと**です。その経済的な機能を一言でいうと、社会の幸福度を高めるために、家計や企業にはできない役割を担うことです。それは大きく分けると三つあります。

まず、家計や企業から徴収する税金を元手として、治安の維持や国防、道路や港湾の整備、公園や緑地の設置、教育や福祉の実施など、いろいろな財やサービスを提供する役割があります。民間に任せていては十分に供給されない財やサービス（これを**「公共財・公共サービス」**と言います）を政府が提供することによって、家計や企業はその恩恵を受けることができるのです。

二つ目は、生活保護や失業保険などの**社会保障制度**（186ページ）によって所得の再分配を行うという役割です。これにより、所得が多い人と少ない人の格差を縮めることができます。これは社会の安定を図るために重要な役割であると考えられています。

そして最後に、**経済全体を調整する役割**です。家計や企業による経済活動が活発かつ安定的に行われるようにするために、景気対策のための財政的な政策を実施したり、経済活動にまつわるいろいろなルールや決まりごと（これを「規制」と呼びます）を設けたりします。

政府の役割についての考え方は、経済のあり方を考える上で重要な論点となりますので、84ページからさらに詳しく取り上げます。

政府による財・サービスの提供

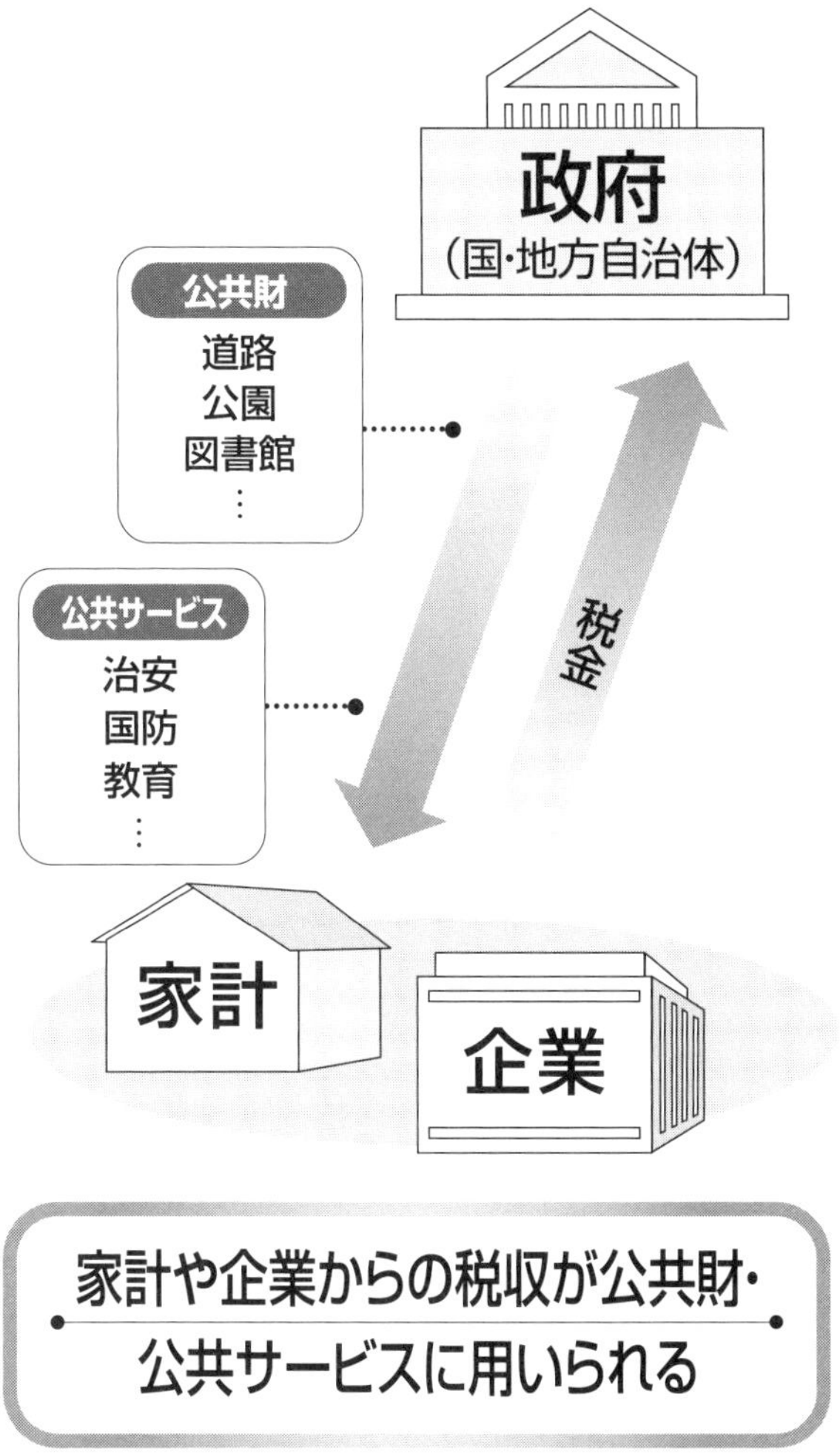

14 仮想的な経済主体としての「海外」

日本の経済を語る際には、外国の動きをまとめてとらえる

経済主体として最後に紹介するのが「海外」です。

ここまでに出てきた「家計」「企業」「政府」はいずれも日本国内の経済主体を意味していました。

しかし、現代は人間も財・サービスも資金でさえも、自由に外国との出入りをしています。外国で繰り広げられる経済活動を無視しては、日本の経済を語ることはできません。

もちろん、外国の経済活動と一口に言っても、それがアメリカで行われていたり中国で行われていたりするわけですし、それらの国々にはそれぞれ家計や企業、政府が経済主体として経済活動を繰り広げています。

しかし、日本の経済について考える際には、そうした多様な主体をひとくくりにして、**「海外」という仮想的な経済主体**だととらえれば、ひとまずはそれで事足ります。

第5章や第6章では、海外との経済的なつながりについて考えます。そのときに、「海外」を経済主体の一つとしてとらえることを思い出してください。

「海外」をひとくくりにとらえる

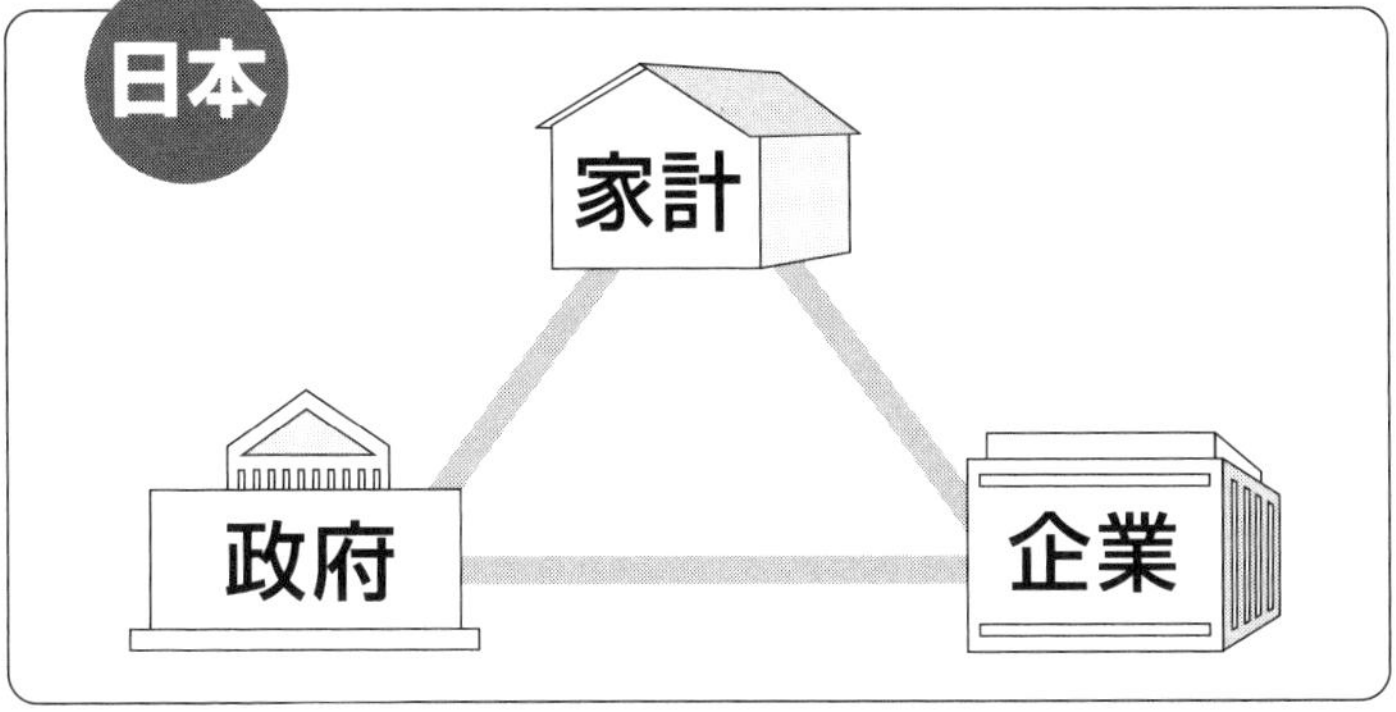

第3章

経済の仕組みをとらえよう！

～市場の機能と政府の役割～

1 市場経済という優れた経済システムとは？

先進国のほとんどが採用している仕組み

第1章と第2章を通じて「経済」という概念を理解していただきました。この章では、市場と政府について取り上げます。まずは、日本の経済の根本的な仕組みである**「市場経済」**について考えましょう。

「市場経済」とは、私有財産の所有を認められた企業や家計が、自主的な意思決定のもと、市場を通して財・サービスを売買することによって、モノやサービスの価格と、需要量・供給量が決まる、このような経済システムのことを指しています。

日本を含む先進国のほとんどが採用しているシステムであり、限りある資源を効率的に配分する上で優れた性質を発揮します。

その優れた性質の鍵は、**「価格」という統一的な指標**にあります。市場に参加する企業や家計の行動が価格によって決められるため、たとえばあるモノをより安く供給できる企業と、より高いお金を出してもそれを欲しいと思う人とが、市場を通じて売買をすることにより、供給する側にはより多くの利益が、需要する側にはより多くの満足がもたらされます。結果として、より効率的な経済活動が実現する、というわけです。

最終的には、市場の取引に参加する企業のうち、非効率的なものは競争に敗れることになります。一方で、より低いコストで供給できる企業や、革新的なモノやサービスで需要を創造できる企業が市場で活動を始めます。こうして、**市場経済は常に経済を進化させる役割**を果たしながら、「消費者主権」の基礎ともなっているのです。

市場経済のシステム

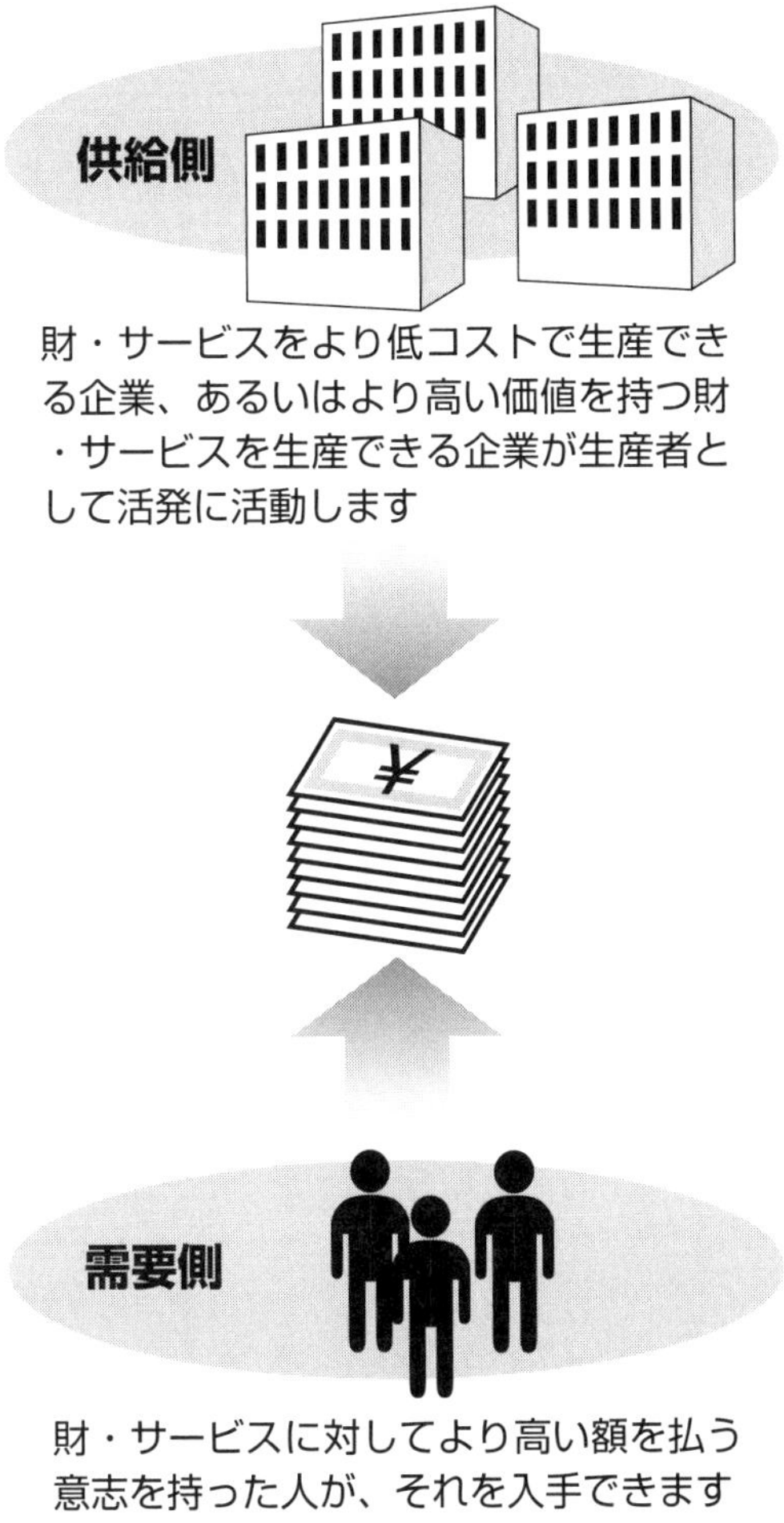
供給側
財・サービスをより低コストで生産できる企業、あるいはより高い価値を持つ財・サービスを生産できる企業が生産者として活発に活動します
¥
需要側
財・サービスに対してより高い額を払う意志を持った人が、それを入手できます

2 市場経済の対極にある計画経済とは何か？

市場経済を採用せず、計画経済を採用していた国も存在する

市場経済とは根本的に異なる**「計画経済」**という仕組みについても触れておきましょう。これはかつての社会主義国家、たとえば旧ソ連や東欧諸国、中国などで採用されていました。

計画経済の特徴は、**「政府が需要を予測し、計画的に生産・分配を行うこと」「生産手段は公有化され、管理されること」**にあります。

市場経済が「価格」を軸としていて、政府の役割は補完的にとらえているのに対し、**計画経済は「政府」を軸としている**と言えるでしょう。

計画経済の目的は、国家の視点から、計画的に企業や家計にモノやサービスを配分することによって、安定的でしかも公平な経済成長を実現することでした。つまり、政府がすべてを統制することによって、市場経済の欠点や限界を克服できる、と考えられていたのです。市場経済は効率性を重視し、計画経済は公平性を追求していた、とも言えるでしょう。

実際には、国が一元的に全産業の生産計画を立てるには膨大な事務作業が必要です。しかも、緻密《ちみつ》な指揮命令系統がなければ、立案した計画の実施はおぼつきません。

また、政府による裁量の余地が大きすぎたため、政府のその時々の価値判断に計画が左右

計画経済の仕組み

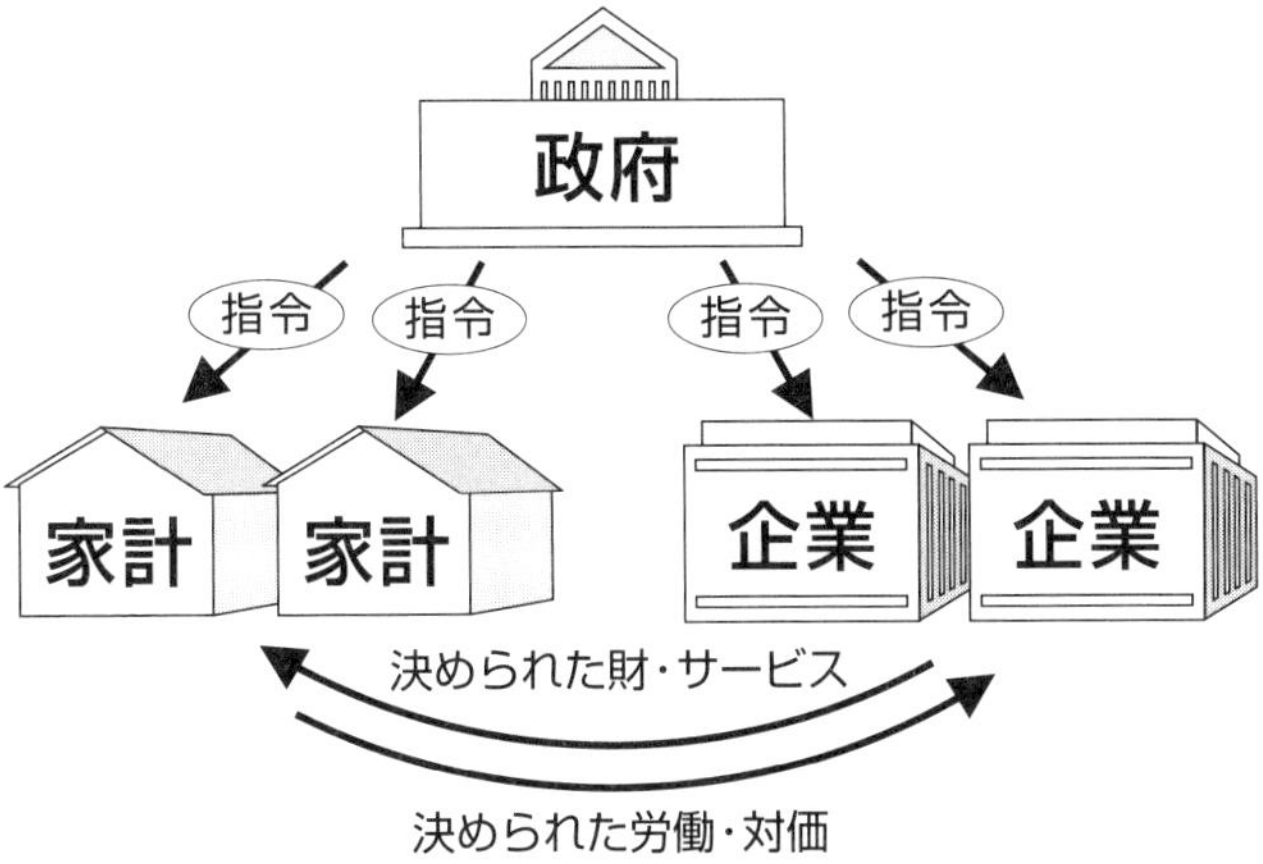

される結果となりました（政府の裁量によって望ましくない経済の状態がもたらされることを、**「政府の失敗」**と言います）。

これらの問題から、計画経済の実現は中途半端なものにとどまりました。

たとえば冷戦時代の旧ソ連は、科学技術や軍事力技術などの面では確かに、世界最先端の優位性を誇っていました。

しかし、他の多くの産業では、政府の命令が十分に行き届かない上、企業や労働者の創意工夫と努力がさほどくみ上げられなかったのです。労働意欲の減退や物資の過不足など、さまざまな問題が生じてしまいました。

結局、かつて計画経済を採用していた国々も市場経済に移行したり、市場経済の原理を経済に取り入れたりしています。

3 市場経済の欠点と限界

なんでもかんでも自由に任せればよい、というわけでもない

前節では計画経済がうまく行かなかったことを述べました。その一方で、とても優れた性質を有する市場経済とはいえ、欠点や限界があることが古くから指摘されています。

市場経済の欠点として最大のものは、計画経済の裏返しになりますが、**経済の効率性をもたらす代わりに、結果的な公平性が達成されないかもしれない**、という点です。

たとえば、市場の競争に敗れた企業はすなわち倒産し、そこで働いていた人や出資していた人が路頭に迷うかもしれません。あるいは、食料品の価格が急に高騰し、貧しい人たちが市場で食料品を購入することができなくなるかもしれません。

こうした問題を解決するためには、政府が市場経済の原理とは別の枠組みで、所得の再分配のための政策などを行う必要があります。

また、市場経済が効力を発揮する範囲には限界があることも知られています。ある特徴を持った財・サービスの市場では、市場経済の原理が有効に働かないという問題があり、そこで各経済主体の自由に任せていては（これを「自由放任」と呼びます）望ましくない結果がもたらされるのです。

それは**「市場の失敗」**と呼ばれています。「市場の失敗」の典型的な例として、64ページでも言及した「公共財・公共サービス」（自由放任に任せていては十分に供給されない性質があります）のほか、次ページから詳しく解説する**「独占・寡占」「外部性」**などが挙げられます。

市場経済の問題点

自由競争
A社
B社
市場経済には
欠点と限界もある

4 なぜ、電車の運賃や電気料金が政府の規制によって決まるのか？

「市場の失敗」の典型例① 適切な価格がつけられるように

「市場の失敗」の一つの例として、**「独占市場」**を取り上げます。独占とは、あるモノやサービスについて、供給する企業が1社のみしかない、という特殊な市場のことです。

現代の日本においては、電力、都市ガス、電話などのインフラ企業が独占企業の例です（いずれも国内には複数の地域会社がありますが、ある地域に住んでいる人の目から見ると、取引できる電力会社や電話会社は1社だけですので、実質的に独占企業と言えます）。

これらの企業が独占になるのは、こうした業種の会社を設立するためには、莫大《ばくだい》な初期投資が必要であるからです。たとえば電力でいうと、ある企業が新規に参入しようとしても、発電所や送電線、変電所等の設備を自社で一から造ることは事実上困難です。

こうした条件を持つ産業（初期投資が莫大なこうした産業を、**「装置産業」**と呼びます）では、おのずと独占の形態になりやすいことが知られており、この原理で独占が起こることを、**「自然独占」**と言います。独占企業がモノやサービスを提供する市場では、供給側の競争が起こらないため、社会全体として望ましい水準よりも高い価格がつきます。

これがすなわち、**独占による「市場の失敗」**の例です。このため、適切な価格がつけられ

市場の失敗の例

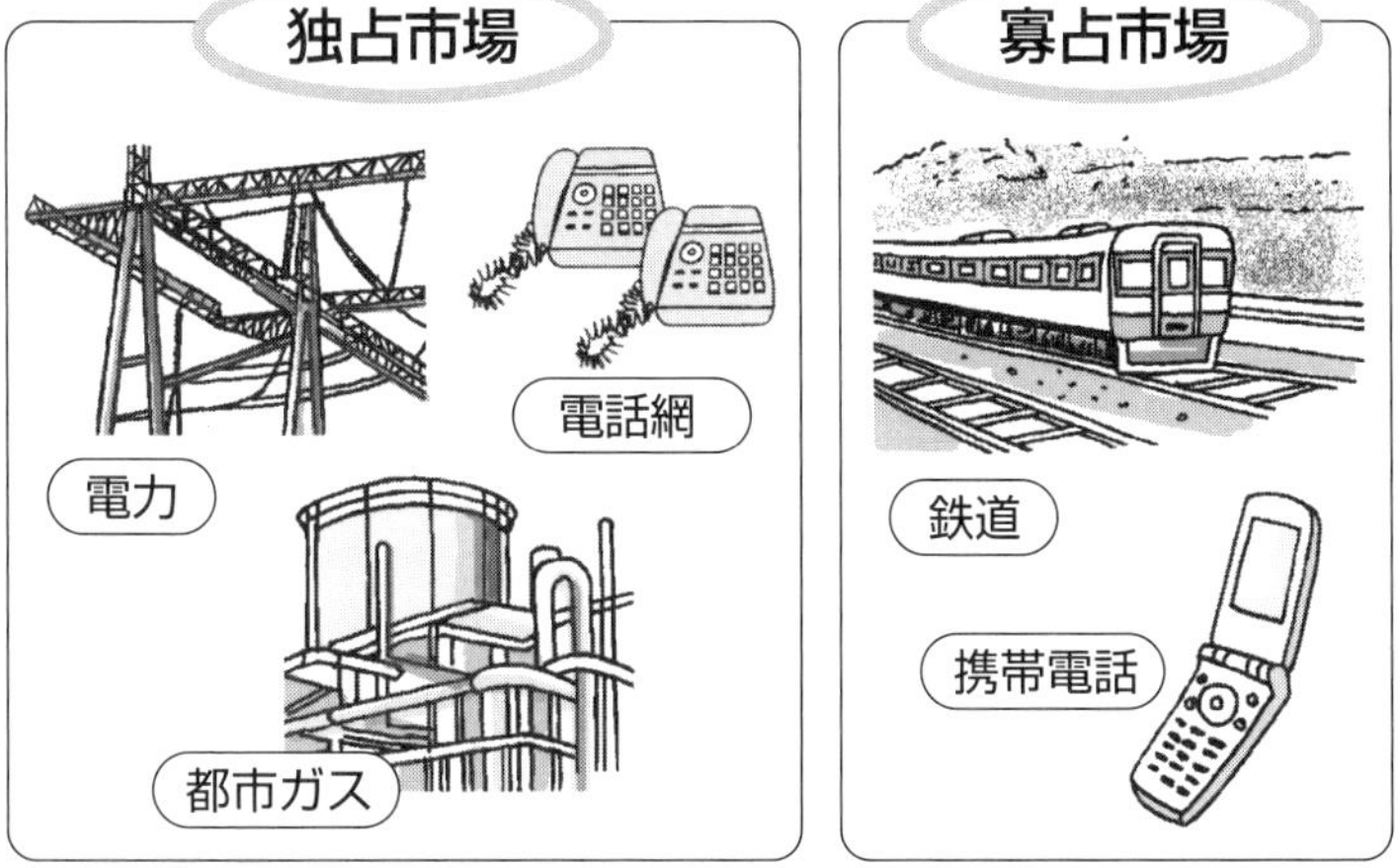

るように、政府が規制という形で介入する必要があるのです。

電力会社に関しては、2016年4月以降、電力の小売が全面自由化されました。もっとも、新規に参入した小売電気事業者が莫大な初期投資を行ったわけではありません。依然として従来の電力会社が発電や送電などを担っています。電力小売自由化は、まさに独占の弊害を軽減するために事業者間の競争を促そうとする政策であり、電力事業が「自然独占」の典型例であることには変わりありません。

なお、1社による「独占」に限らず、供給する企業が数社に限られている場合（これを**「寡占」**と言います）でも、しばしば同様のことが言えます。その典型例が鉄道や携帯電話キャリアなどの産業です。

5 「外部性」＝価格に反映されない社会的なコストとは？

「市場の失敗」の典型例② 公害の問題がある

「市場の失敗」の典型例として、他に**「公害」**の問題が挙げられます。たとえば、ある企業が川の上流に工場を建て、その廃液を川や海に流しているとしましょう。まったく規制がない場合は、この企業はタダで廃液を垂れ流すことができるかもしれません。このとき、この企業が生産する財のコストには環境への影響が反映されないことになり、この企業は市場において安く財を供給できることになります。

それを買うほうも、環境への影響を気にせず安くその財を手に入れることができるわけですから、結局はもともと企業が排出した汚染による損失（たとえば河川の下流の漁業者がこうむる被害）を誰も負担しないことになってしまいます。

このように、市場の価格に反映されない社会的なコストが存在する状況を指して、**「外部性」がある**、という言い方をします。**市場の取引が、市場の外部に影響を及ぼしている**、という意味です。

こうした状況を解決するためにも、やはり政府の介入が必要です。たとえば「廃液を排出する行為に課税をする」「ここで生産された財が市場で取引される際に課税する」「廃液の処理を企業に義務づける」などの政策を取ることによって、この財の市場において廃液のコストが価格に反映され、ようやく廃液による社会的な損失を抑制することができるのです。

「外部性」の仕組み

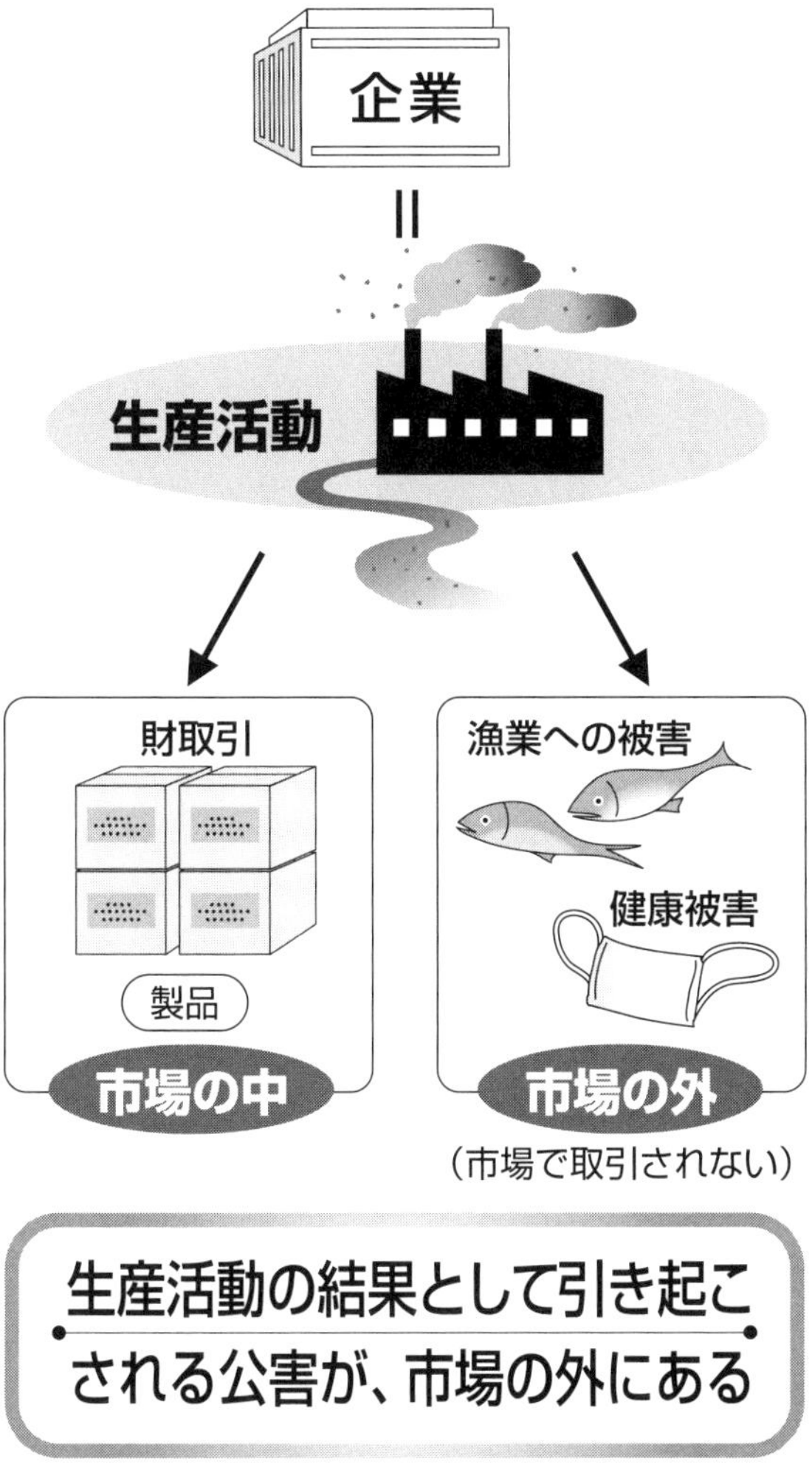

6 「外部性」は悪い影響ばかりなのか？

ネジの種類が部品の数だけあったら、工場は大変なことに

前節には、悪い影響をもたらす外部性の例を紹介しましたが、良い影響をもたらす外部性の例もあり、そこにも政府の役割が期待される場合があります。

最も典型的な例は、いわゆる**「規格」**です。たとえば、ネジ。いろいろな部品を組み立てるために使われるネジが、もしも部品ごとにバラバラだったとしたら、組み立てを行う工場は大混乱になってしまうでしょう。逆に、ネジの種類が限られていれば、一つのネジをいろいろな部品に使うことができ、大変便利です。

個々の部品メーカーが市場で独自に部品を供給している状態では、ネジの規格の統一は自動的には果たされません。個々の部品メーカーの立場からすると、他の部品メーカーとネジの種類を合わせることに特にはメリットがないからです。

しかし実際には、ネジの種類が限られていたほうが、社会全体としては便利で望ましいわけです。そこでは、**市場を通じて取引されない経済的な価値が市場の外に残されている**、ということになります。

そこで政府は、あらかじめネジの「規格」を定めてネジの種類を限定することによって、

良い外部性の例

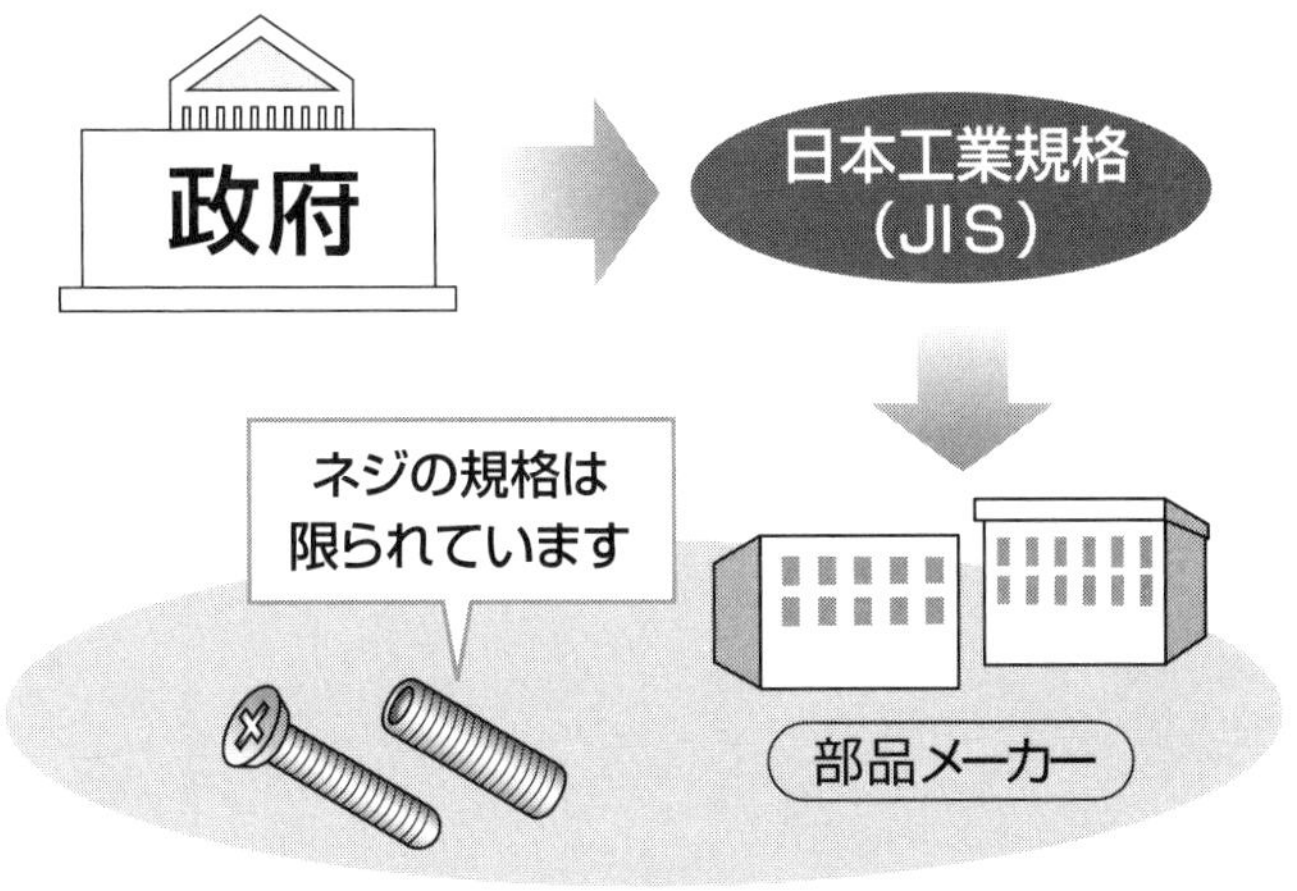

社会的に望ましい方向に誘導する役割を果たしえるのです。

実際、日本におけるネジの規格は**「日本工業規格」（JIS）**で定められています。そして、いったん「規格」として定着したネジは、政府に強制されなくても大多数の部品メーカーが採用するようになります。自社だけがその規格を採用しないとすると、買い手にとって不便な製品となってしまうために販路が限られてしまうからです。

なお本節のように外部性がプラスの効果を持つ状況を「外部経済」、78ページのようにマイナスの効果を持つ状況を「外部不経済」と言います。218ページで取り上げる「集積の外部性」も、プラスの効果を持つ「外部経済」の一例です。

7 合成の誤謬とは?

思わぬところでしっぺ返しがある

前節までは、市場経済において起こりうる問題を、ミクロの視点からいくつか例を挙げて説明してきました。ここでは、視点をもう少しマクロ寄りに移して、一つの問題を挙げておきましょう。

既に説明した(58ページ)ように、家計の消費は、現在の収入だけではなく先行きの見通しによっても大きく影響を受けます。もし先々失業したり、給料がカットされたりすると思うと、家計はあらかじめ節約して貯金し、それに備えようとするわけです。

これは、確かにその家計にとっては適切な行動だと考えられます。

自分一人だけが節約したところで微々たるものですから、それ自体が経済に実質的な影響を与えることは本来はないはずです。しかし、各自がそれぞれ同じように考えて行動したらどうでしょうか。「ちりも積もれば山となる」ということわざにあるとおりです。

多くの人が同時に節約したら、社会全体でモノが売れなくなってしまい、結果として景気は悪くなることでしょう。そうすると、各個人の給料も減ってしまい、もしかすると「貯金を増やそう」と思い立ったときに予測していたよりも少ない額の収入しか得られなくなるかもしれません。

このように、「個人としては適切だと思って取った行動が社会全体で積み重なることによって、結果として意図と反するような悪影響を及ぼす」という状況を「合成の誤謬《ごびゅう》」と呼びます。

合成の誤謬の例

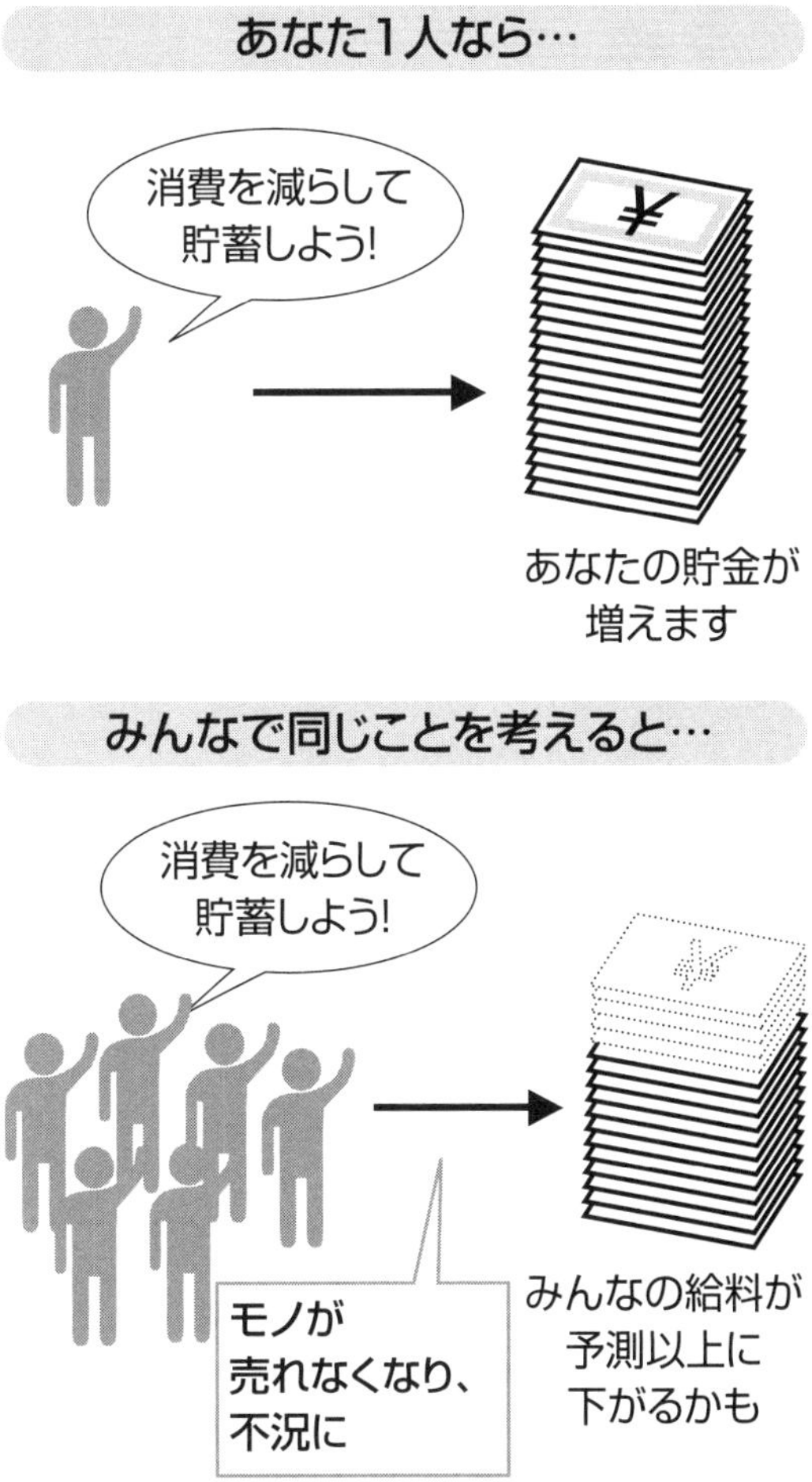
あなた1人なら…
消費を減らして
貯蓄しよう!
あなたの貯金が
増えます
みんなで同じことを考えると…
消費を減らして
貯蓄しよう!
モノが
売れなくなり、
不況に
みんなの給料が
予測以上に
下がるかも

8 市場経済における政府の役割

政府がどのように経済にかかわるべきか、いろいろな議論がある

さて、政府の役割については64ページで既に紹介しました。日本においては計画経済ほどではないにせよ、**政府が経済に対して一定の役割を果たすべきもの**と考えられています。

政府がどのように、どの程度まで経済にかかわるかについては議論が分かれるところです。そして、その論点が日本の政策を検討する上での重要な視座の一つになります。64ページでは政府が担う役割として「公共財の供給」「所得の再分配」「経済全体の調整」を挙げました。

このうち「公共財の供給」は政府の基本的な役割の一つとして考えられています。一般道路や国防・警察などの公的な財・サービスは国民生活に必要不可欠なものであるにもかかわらず、民間企業に任せていては十分な供給は望めません。そこで政府は、家計や企業から徴収する税金を用いてこうした財・サービスを供給します。

また「所得の再分配」についても、64ページでも簡単に触れました。市場経済に任せていては所得の格差が広がりかねず、また貧困が生じる可能性も多分にあります。これらは社会不安につながりかねないので、政府が税金の徴収と社会保障制度（186ページ）を通じて、結果的に生じる所得の格差をやわらげる役割を担うのが望ましいとされます。

経済的な状況だけでなく、私たちを取り巻くさまざまなリスク（健康上や災害のリスク）によっても経済的な格差は生じます。社会の安定を図るためにも、また人権上の観点からも、こうしたリスクの生起によって生み出される格差を軽減することが政府に求められます。

このように、**政府の役割のうち、「公共財の供給」と「所得の再分配」の二つは、基本的な政府の役割**として多くの学者によって受け入れられています。

政府が担う所得の再分配

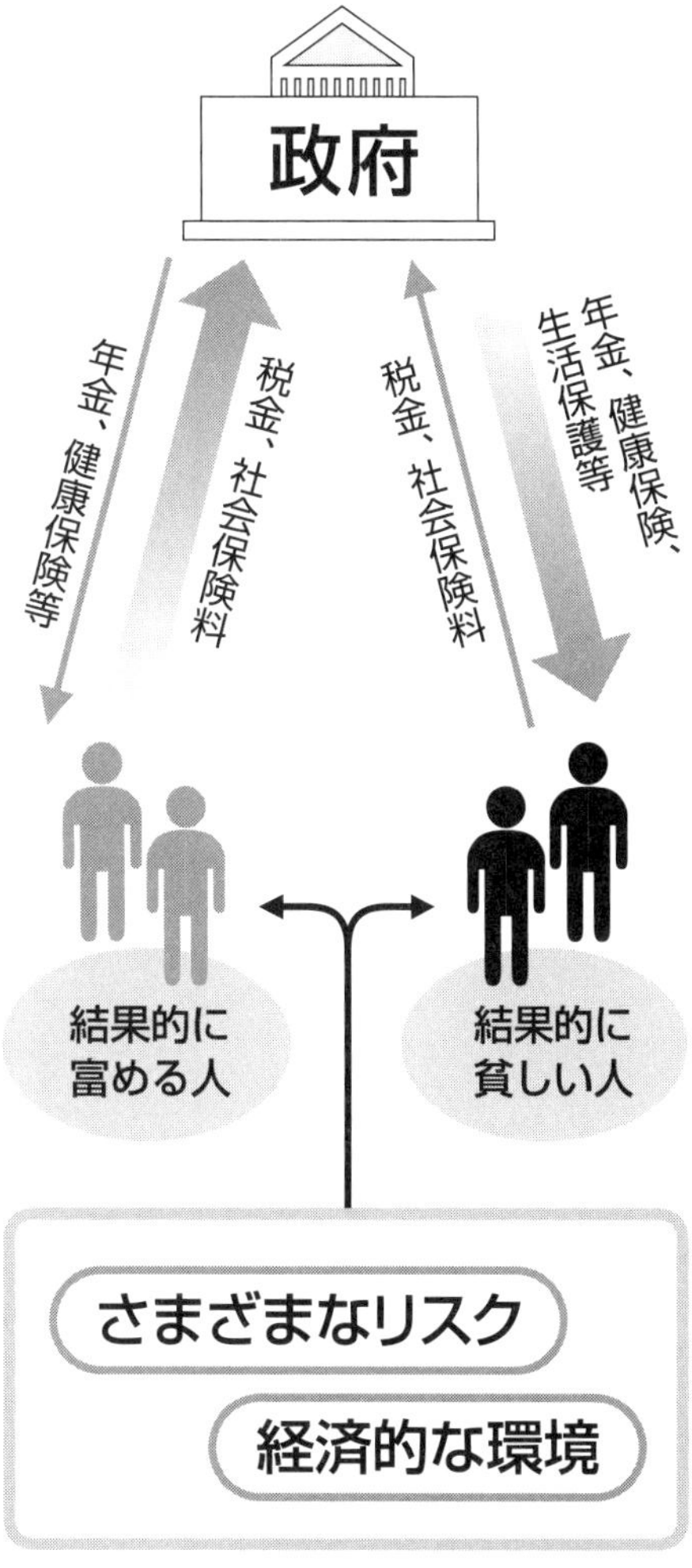

9 経済を調整・安定化するための政府の役割とは？

政府による景気のかじ取りには効果があるか？ そして必要か？

しかし、三つ掲げた政府の役割のうち、「経済全体の調整」については、政府の役割を認めるべきか否か、また認めるとしたらどの程度までかで、議論が分かれています。「経済全体の調整」は、大別すると二つの側面に分かれます。一つは、経済のルール作りです。先に紹介した「市場の失敗」を思い出してください。

いろいろな規制を敷いたり、規格を制定したりすることなどによって、経済活動が効率的に、かつ円滑・公正に行われることを図るものです。しかし一方で、過剰な規制や陳腐化した規制が経済の活力を損なっているという議論や、政府の制定する規格が必ずしも利便性につながらない、という指摘もあります。なお、政府による「経済全体の調整」のうち、こうした側面の政策を指して**「ミクロ経済政策」**と呼びます。

政府による「経済全体の調整」のもう一つの側面は、財政による景気のコントロールです。82ページで紹介した「合成の誤謬」の状況を思い出してください。不況時に個人が先行き不安から貯蓄を増やそうとすると、不況をさらに深刻化させかねません。そこで、景気の循環により交互にやってくる好況と不況を安定的に乗り切るため、不況時には景気を刺激するような政策を、逆に好況時には景気の過熱を抑えるような政策を打ち出すのです。これを「財政政策」と呼びます。政府が財政支出を増やす（または減税する）とGDPにプラスとなると考えられており、不況時に政府が公共事業の発注を増やしたり、減税を行ったりすることで、経済全体の需要を喚起し（これを**「有効需要の創出」**と呼びます）、結果的に家計や企業が潤って景気が上向く、という考え方です。

実際、日本政府は1970年代のオイルショックによる不況の際に「有効需要の創出」の考え方を取り入れ、先進国の中でもいち早く不況を脱却することに成功しました。

2000年代の金融危機（→202ページ）や2020年以降のコロナ禍も、財政政策の効果を積極的に評価すべきという考え方が広まるきっかけとなっています。

一方、公共事業や減税を行うための原資として、世界各国が国債（つまり、国の借金。136ページを参照）を大量に発行したことが問題視されています。さらに、財政政策が効果を発揮するまでにはある程度の時間を要することから、必要な時期にうまくタイミングを合わせて効果を発揮させることができるのか、疑問視する意見もあります。

なお、財政政策と並んで金融政策も政府の役割の一つに数えられることがあります。もっとも、わが国をはじめ主要先進国では、金融政策は政府と一定の独立性を保った中央銀行が担っているので、ここでは政府の役割には含めないことにしましょう。ただし、財政政策と金融政策は**「マクロ経済政策」**と総称されます。

10 日本銀行の役割＝金融政策とは何か？

金利の調整による物価の安定化

前節で金融政策について触れました。本書では政府の役割には含めていませんが、財政政策と並んでマクロ経済政策の重要な柱の一つです。

さて、金融政策とは何なのでしょうか。一言で言うと、日本銀行が金利を調整することによって景気の変動を抑制することであり、その理念は物価を安定化させることにあります。

第4章で説明するとおり、景気が悪化しているときは、物価は下がりやすい状況にあります。そこで日銀は金利の引き下げ、すなわち**「金融緩和」**を行います。金利が低下すると、企業や家計はお金を借りやすくなりますので、より多くのお金を投資や消費に回すことができます。すると、景気に良い影響を与える可能性が高くなります。景気が良くなれば、物価が下支えされ、結果的に物価の安定化につながります。

一方、景気が過熱しているとき、やはり第4章で説明するとおり、物価も上がりやすい状態にあります。

このとき、日銀は金利の引き上げ、すなわち**「金融引き締め」**を行います。先ほどとは逆に、企業や家計はお金を借りにくくなりますので、投資や消費に回るお金が少なくなります。

すると景気が抑制され、いきおい物価の上昇も抑制されます。やはりこのときも結果的に物価が安定することになります。

日本銀行の金融政策

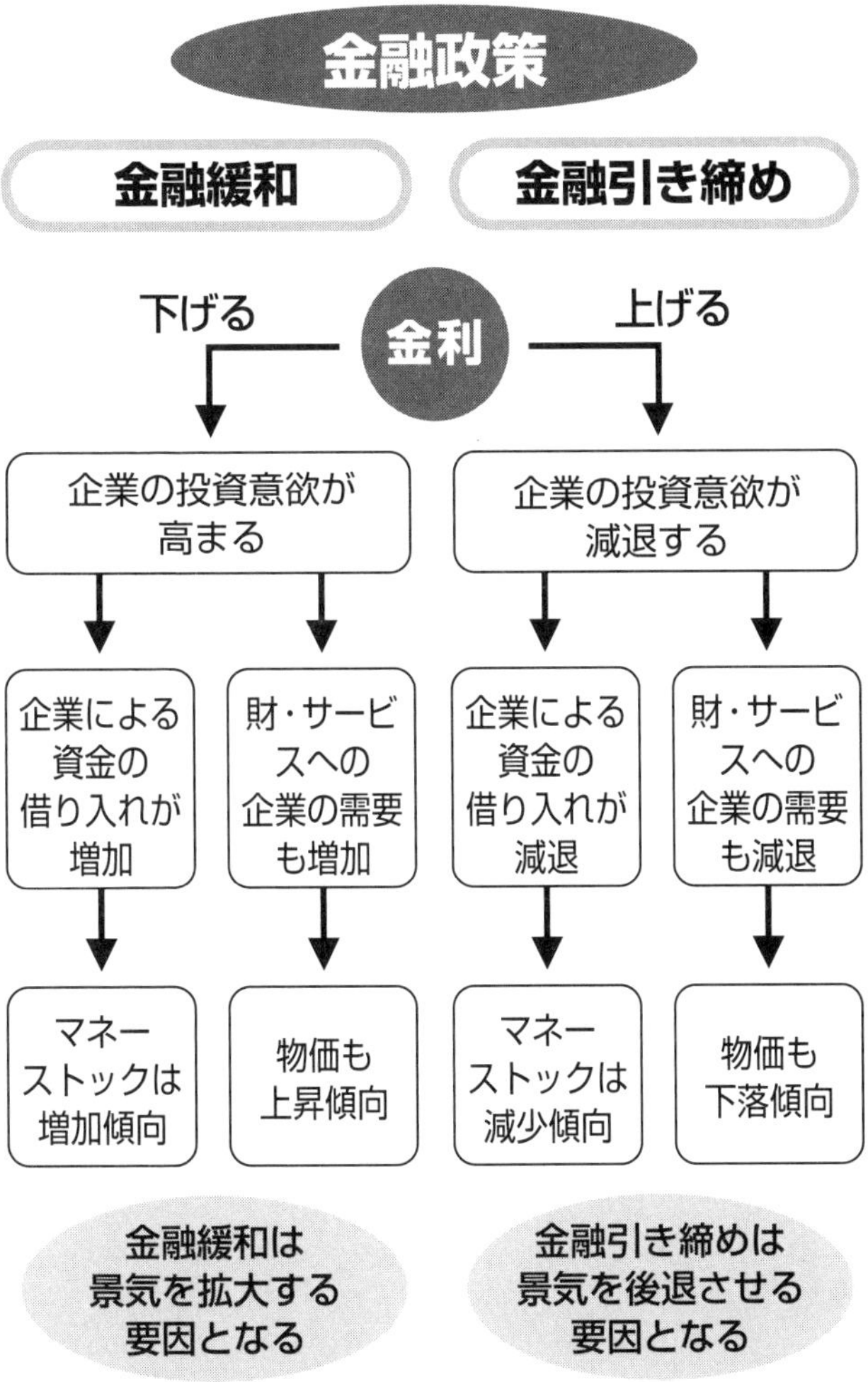

金融政策
金融緩和
金融引き締め
下げる
金利
上げる
企業の投資意欲が高まる
企業の投資意欲が減退する
企業による資金の借り入れが増加
財・サービスへの企業の需要も増加
企業による資金の借り入れが減退
財・サービスへの企業の需要も減退
マネーストックは増加傾向
物価も上昇傾向
マネーストックは減少傾向
物価も下落傾向
金融緩和は景気を拡大する要因となる
金融引き締めは景気を後退させる要因となる

11 通貨って何のこと？

現金だけでなく銀行預金も含まれる

マクロ経済を語る上で重要な概念の最後として、「通貨」を取り上げます。経済活動の根幹を成すのはいうまでもなくお金であり、それを経済学では「通貨」と呼んでいます。「通貨」という言葉から真っ先に硬貨や紙幣のことが思い浮かびますが、それらは「現金通貨」と呼ばれており、「通貨」の一部を構成しているにすぎません。実は「通貨」には、現金だけでなく、銀行に預けられている預金などが含まれます。預貯金の口座があれば、自動引き落としや口座間の振込・振替によって、お金の支払いや受け取りを済ませることができます。つまり、預金も現金と同じように支払いの手段として利用できるので、通貨と見なされるのです。

普通預金や当座預金など、名義人の求めに応じて自由に引き出したり預け入れたりできる預金のことを「預金通貨」と言います。これに対して定期預金や外貨預金など一定期間預け入れなければならない預金は「準通貨」と呼ばれます。さらに、他人への譲渡を自由に行うことができる定期預金のことを「譲渡性預金」または「ＣＤ」といい、主に企業間の決済のために利用されています。そして、**「現金通貨」「預金通貨」「準通貨」「ＣＤ」の四つを合わせて「Ｍ３」と呼びます。**

マネーストックの種類

広義流動性	M3	M1	現金通貨	家計・企業が保有する現金
			預金通貨	全預金取扱金融機関に預け入れられた当座預金、普通預金等
		準通貨		全預金取扱金融機関に預け入れられた定期預金、外貨預金等
		CD(譲渡性預金)		全預金取扱金融機関に預け入れられた譲渡性預金
	投資信託、外債、国債等			

M2(参考)	現金通貨	家計・企業が保有する現金
	預金通貨、準通貨、CD	ゆうちょ銀行、農協・漁協、信組等を除く金融機関に預けられた預金通貨、準通貨、CD

ある時点における「通貨」の総額のことを**「マネーストック」**と呼びます。新聞等で「マネーストック」というと、「M3」の総額のことを主に指しています。また、**M3のうち「現金通貨」「預金通貨」のみを指して「M1」、M3から、ゆうちょ銀行に預けられている預金通貨、準通貨、CDを差し引いた「M2」という言葉もあります。**郵政民営化以降、ゆうちょ銀行とその他の銀行を区別する意義が乏しいことから、現在は「M2」はあまり用いられません。

また、2008年以前はマネーストックは「マネーサプライ」と呼ばれており、当時は「マネーサプライ」の主な指標としてM2が用いられていました(これも当時は「M2+CD」と呼ばれていました)。

なお、最近は電子マネーも少額の買い物の支払い等によく用いられるようになりましたが、電子マネーも通貨に含めるべきでしょうか。これは196ページで再び取り扱いましょう。

12 通貨が持っている三つの機能

「通貨とは経済の血液である」

◉―財・サービスの交換を促す

通貨について、経済学的な側面からもう少し詳しく見てみましょう。一般的に、通貨は三つの機能を有しているものと定義されます。まず一つは**「価値交換機能」**です。仮に、私たちの社会に通貨が存在しないとします。その場合、自分で作り出せないモノを手に入れるには物々交換するしかありませんが、これはそう簡単なことではありません。

なぜなら、あなたが「今持っているゲームソフトを好きな歌手のＤＶＤと交換したい」と思っているとします。それを物々交換で果たそうとすると、そのＤＶＤを持っていて、なおかつあなたが所有するゲームソフトを欲しいと考えている相手を探さなければならないからです。身近な知り合いの中から、そういう人を見つけることができたら、それは奇跡かもしれません。

しかし、通貨があればそんな手間はいりません。そのゲームソフトを欲しい人に売ってお金に換え、そのお金で欲しいＤＶＤを持っている人から購入すればいいわけです。通貨を媒介にして「欲しいモノ」と「いらないモノ」とをスムーズに交換することができることから、

通貨はモノとモノ、価値と価値との交換を促す機能を有していると言えるのです。

◉──価値の異なるモノを同じ基準で比較できる

通貨の二つ目の機能は**「価値尺度機能」**と呼ばれるものです。

ここでも、通貨がない場合を考えてみましょう。先ほどゲームソフトをＤＶＤと交換するケースを取り上げましたが、こうした物々交換ではもう一つ、やっかいな問題が生じます。それは、ゲームソフトとＤＶＤはそれぞれどのくらい価値があるのか、という問題です。ゲームソフトとＤＶＤしかない社会であればまだしも、この世の中にはいろいろな種類の財・サービスがあります。このＤＶＤは米10キロに相当して、米20キロが散髪1回分で、リンゴ１００個も散髪1回分で、ゲームソフトはリンゴ50個に相当して……などと表示されていては、自分が交換したいモノがそれぞれどのくらい価値があるのかを比べるのが大変面倒です。

通貨があれば、モノの価値が一つの単位（日本の場合は言うまでもなく「円」です）で示されますから、こうした面倒はありません。ゲームソフトが３０００円でＤＶＤも３０００円なら、ゲームソフトを売ればＤＶＤを購入できる、と誰もが容易に共通の認識を持つことができるのです。

通貨の存在によってあらゆる商品の価値が一つの尺度をもとに決められるため、財・サービスの取引が行いやすく、ひいては経済活動が容易に行えるようになります。

◉——価値を将来に残せる

三つ目の機能は**「価値保蔵機能」**です。通貨は価値あるものとして将来のためにためておくことができる、という機能です。

先ほどのゲームソフトにしてもCDにしても、あらゆるモノは時間がたつと消耗して価値は下がります。ましてや食品などは、1年もためておけば腐って価値がゼロになるものも多いでしょう。散髪のようなサービスであれば、サービスが提供されるその瞬間にしか価値がありません。

しかし、通貨であればいつまで保管しても大丈夫です。モノが欲しくなったら、そのときにためておいた通貨を使ってモノを買えばよいのです。このように、通貨の「価値保蔵機能」によって、私たちは時間を通じた経済行動を取ることが可能となるのです。

以上、通貨の三つの機能を解説しましたが、通貨がどれだけ重要な役割を果たしているかわかったでしょうか？　通貨の存在によって、経済主体による経済行動が容易に、かつ効率的に行われているのです。こうした通貨の機能が、「通貨は経済の血液である」と呼ばれているゆえんです。

また歴史的には、中国やトルコなどでは紀元前から通貨が存在していたと言われています。それらは主に金属を鋳造してつくられた貨幣でした。

日本では8世紀の初めに発行された銅貨である「和同開珎《わどうかいちん》」が国内に広く出回った最古の

貨幣とされています（さらに古い時代の「富本銭《ふほんせん》」を最古とする学説もあります）。貨幣は人間の歴史を通じて、経済の発展を支え続けてきました。**現代の私たちの暮らしも通貨の存在によって大いに利便性を享受している**のです。

通貨の三つの機能

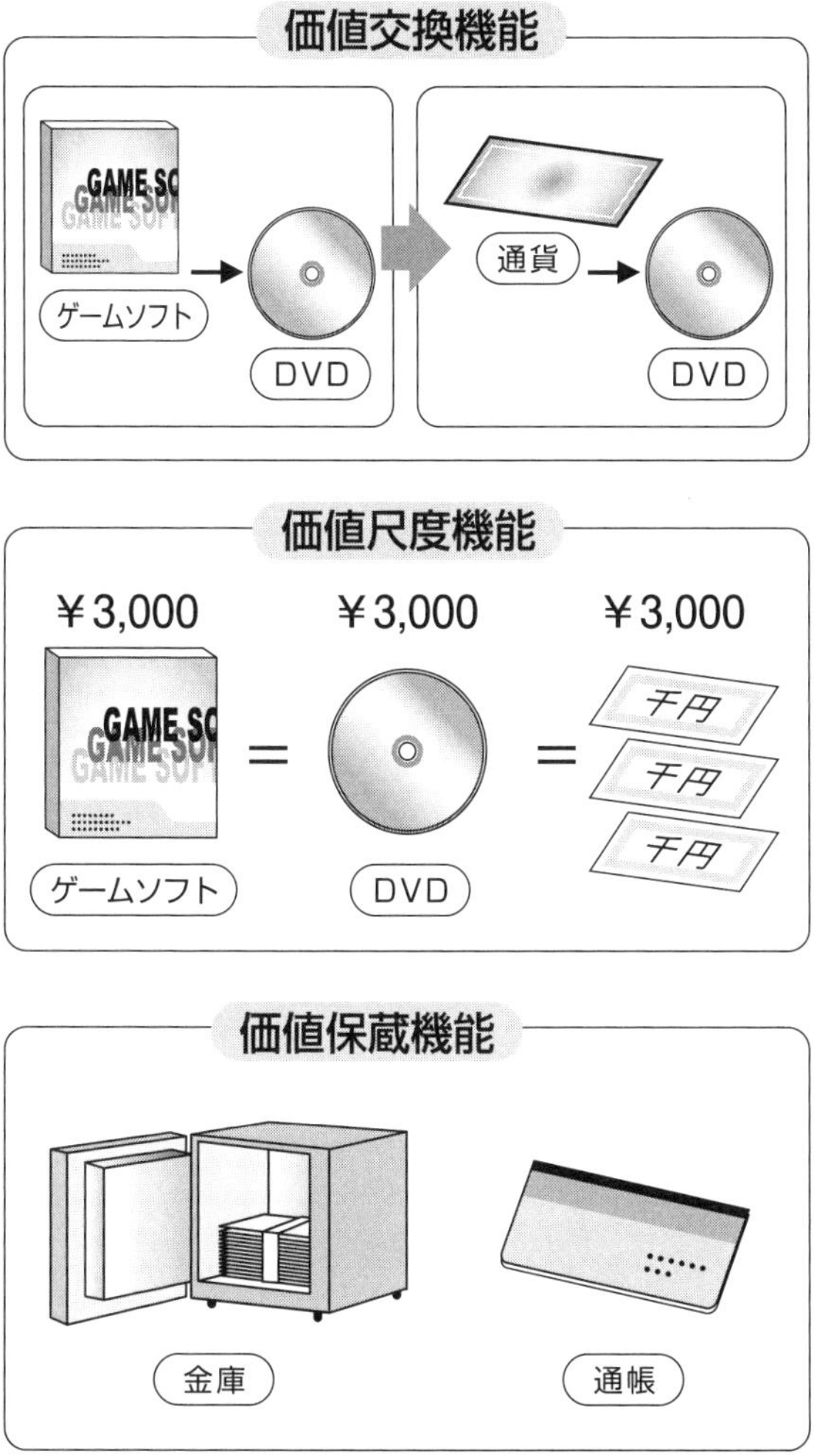

13 現金はどこが発行しているのか？

造幣局が発行する硬貨と、日本銀行が発行する紙幣がある

日本国内で流通している現金通貨は一体どこが発行しているのでしょうか？　実は1円玉や10円玉、100円玉などの硬貨と、千円札、一万円札などの紙幣では異なります。硬貨は財務省所管の独立行政法人である「造幣局」が製造しています。

一方、紙幣は「日本銀行」が発行しています。どの紙幣の表面にも「日本銀行券」と書かれているとおり、紙幣は正式には**「日本銀行券」**と言います。

なお、日本銀行券を実際に製造しているのは、日本銀行自身ではなく、やはり財務省所管の独立行政法人である「国立印刷局」です。ちなみに日本の紙幣の素材はミツマタやマニラ麻といった植物性の繊維を用いた紙ですが、紙以外の原料を用いている国もあります。アメリカドル紙幣は綿と亜麻の繊維、ユーロ紙幣も綿が原料です。オーストラリアは世界で初めて合成樹脂を原料とした「ポリマー紙幣」を採用しました。現在はシンガポールやイギリスなどもポリマー紙幣を導入しています。

日本では2024年度から新紙幣が流通します。新紙幣の素材は何でしょうか？　まだ日本銀行から正式な発表はありませんが、イメージ図を見る限り、現在と同様に紙が使われる

紙幣と硬貨の流通高

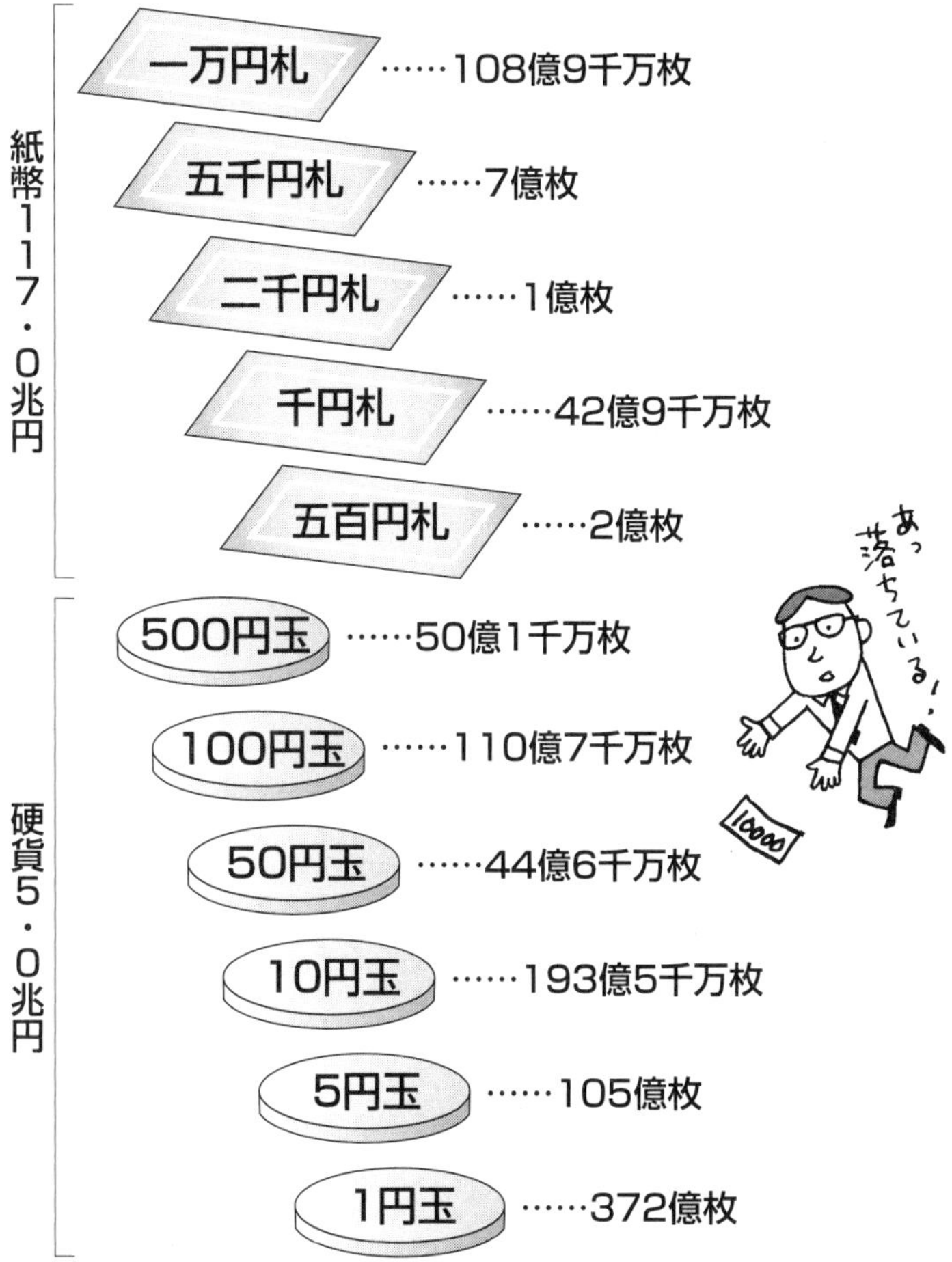

注:2021年8月末現在
出所:日本銀行

のではないかと推測されます。

さて、前ページに示したとおり、流通している現金通貨の大部分は紙幣が占めています。一方、硬貨は「補助貨幣」と位置づけられており、主に少額の決済に用いられ、紙幣による決済を補完する性質のものとされています。

第4章

物価と為替の動きをとらえよう！

～物価・為替に表れる経済の状況～

1 モノの価格は上がっている？下がっている？

物価を知りたければ物価指数をチェックしよう

第4章で扱うテーマとして、まずは「物価」に注目することにしましょう。ここでいう物価とは、個別の財・サービスの価格ではなく、世の中の全般的な財・サービスの価格の水準を意味しています。たとえば、私たち消費者が実際に財・サービスを購入するときの価格（小売価格）の変動を総体的に表すのは、総務省が毎月発表する**「消費者物価指数」（CPI）**です。

これは、基準となる年において、ある決められた財・サービスの組み合わせを買うために必要な金額を100として、同じ組み合わせの財・サービスを買うために現在いくらかかるかを数字で表したものです。現在の基準とされている年は2020年であり、2021年7月現在の消費者物価指数が99・7でしたから、同じ財・サービスの組み合わせが1年前と比べて0・3％安くなったことがわかります。

一方、日本銀行の**「企業物価指数」（CGPI）**は、企業間で取引される財の価格を示す物価指数であり、主に「国内企業物価指数」「輸出物価指数」「輸入物価指数」によって構成されています。CPIに比べて商品の需給の影響を受けやすく、月々の変動も大きいことが一般的です。2021年は石油・石炭製品や非鉄金属などの物価上昇が著しく、国内企業物価指数の上昇率が13年ぶりの高さに達しています。その一方、消費者物価指数の上昇率はマイナス圏内のまま推移しています。

日銀はこのほかにも物価に関連する統計として、「企業向けサービス価格指数」「製造業部門別投入・産出物価指数」を作成・公表しています。

消費税、景気と物価

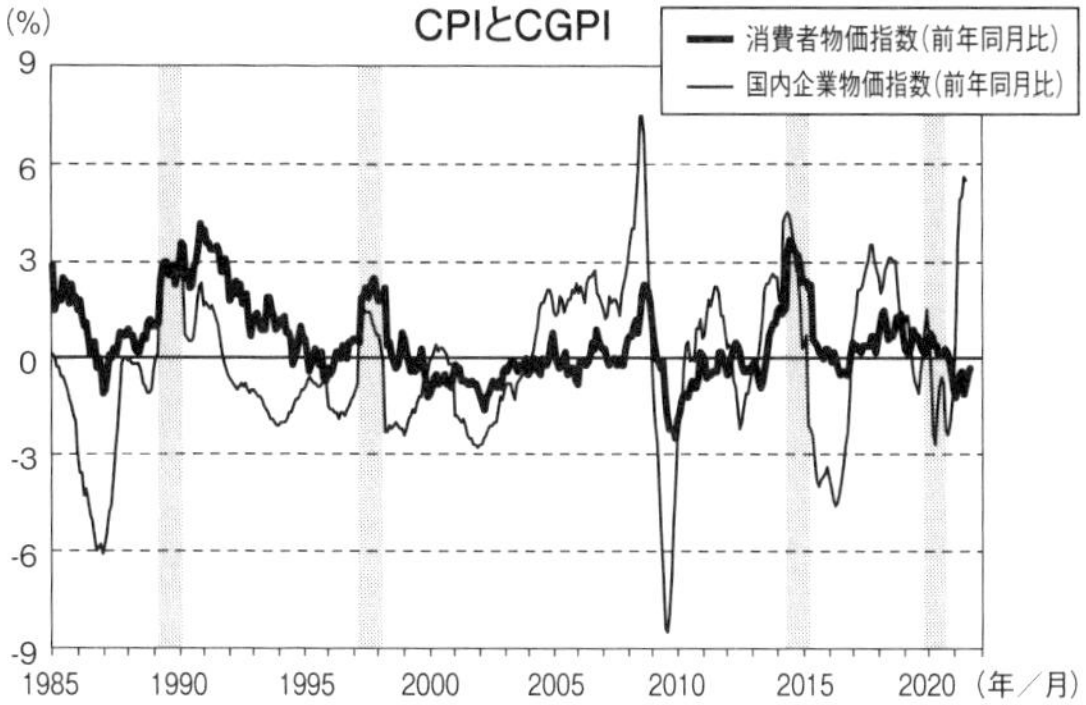

出所:総務省、日本銀行
注:網掛け部は消費税の導入または消費税率引き上げの影響を含む期間を示しています。
※全般的に、CPIに比べてCGPIのほうが動きが大きいことがわかります。過去の消費税導入や消費税率引き上げの際、CPI、CGPIの伸び率が押し上げられることが見て取れます。

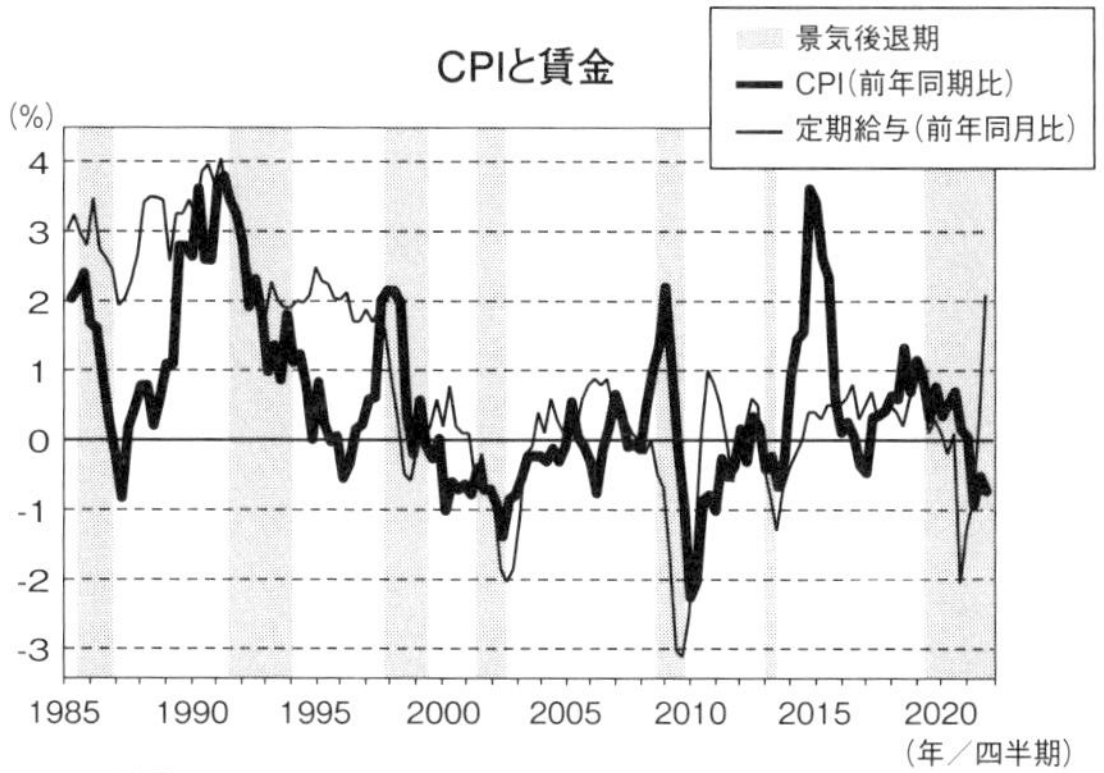

出所:総務省「消費者物価指数」、厚生労働省「毎月勤労統計」
注:定期給与(基本給や時間外手当を含み、賞与を含まない)は調査産業計、就業形態計、常用労働者が30人以上の事業所。
※賃金が増え、消費者の懐が暖かくなると、財布のヒモがゆるみます。個人消費の増加は物価の上昇要因となるので(102ページで解説します)、CPIと賃金には密接な相関関係があります。

2 モノの価格はどう決まるのか？

第一の要素は、需要と供給の関係

しばしば**「物価は経済の実態を示す体温計」**と呼ばれることからわかるように、景気と物価は密接な関係にあります。

物価の変動に大きな影響を与える要素の一つが、財・サービスの需要と供給の状況です。所得の増加などによってある財・サービスの需要が高まる、すなわち高くてもいいから買いたいと思う経済主体が増えると、その財・サービスの価格を押し上げるように作用します。

一方、供給が高まる、たとえば技術の進歩などによって、より安くても売りたいと思う経済主体が増えると、その財・サービスの価格を押し下げるように作用します。

多様な財・サービスの価格を集計したものが物価ですので、経済全体での需要と供給の様子は物価の変動として反映されます。**景気の拡大期には、財・サービスの需要が高まるので物価は上昇しがちで、景気後退期には逆に物価は下落する傾向が強まります。**

また、ある財・サービスの価格変動は、それを用いて生産される財・サービスにも波及します。たとえば、原油価格が上昇すると、ガソリンの価格が上昇したり、航空運賃に燃油サーチャージが上乗せされたりします。2021年は半導体が値上がりしており、半導体を部品として用いるさまざまな財の価格に影響が及ぶのではないかと不安が高まっています。

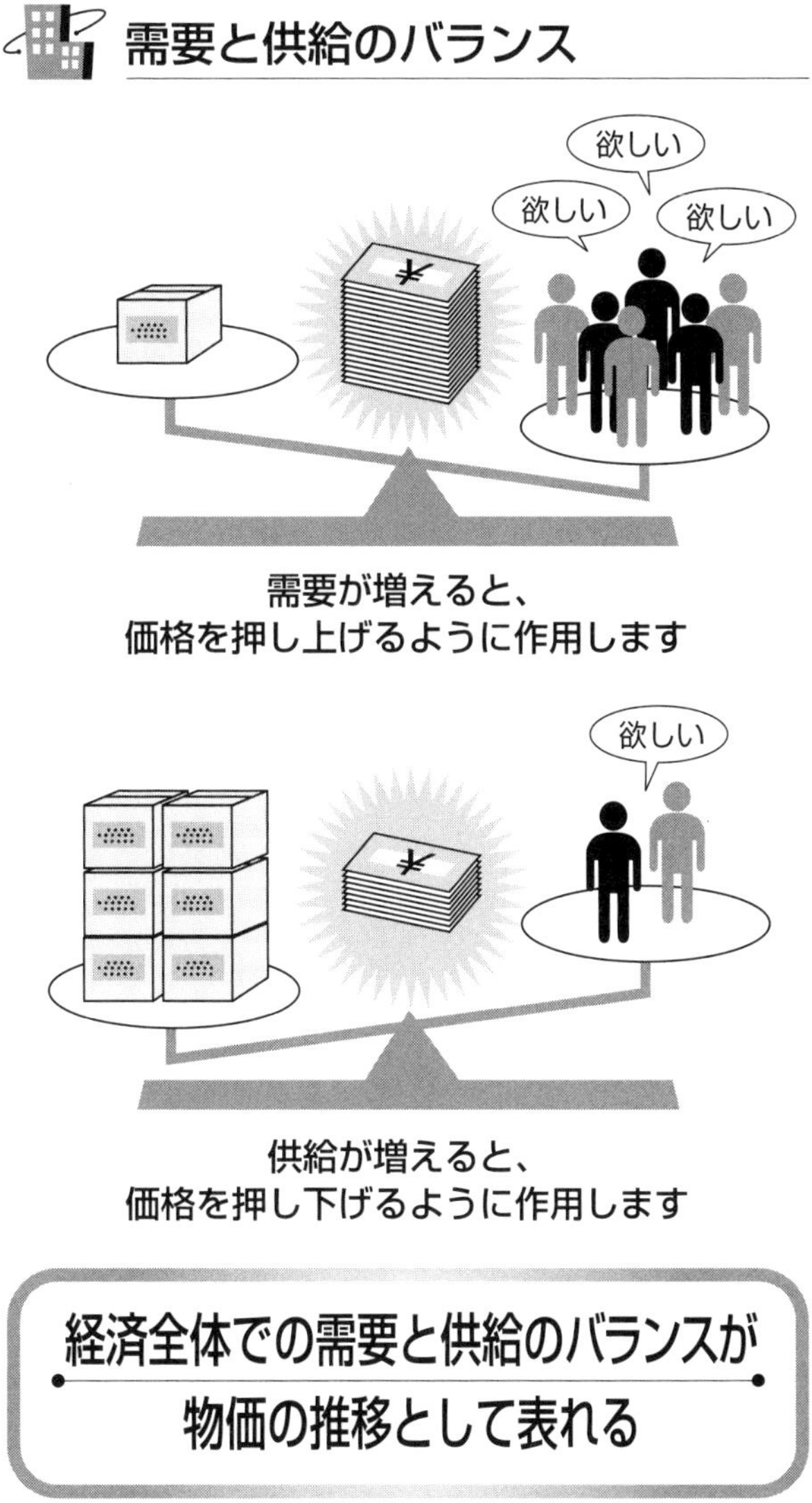
需要と供給のバランス
欲しい
欲しい
欲しい
需要が増えると、
価格を押し上げるように作用します
欲しい
供給が増えると、
価格を押し下げるように作用します
経済全体での需要と供給のバランスが
物価の推移として表れる

3 物価変動のもう一つの側面

「通貨」自身の価値も変動しうる

前節では需要と供給の関係によって財・サービスの価格が変化し、それによって物価が変動する様子を解説しました。

もう一つの価格の側面として、物価は通貨自身の価値を表している、という見方もできます（通貨については92ページ以降で説明しました）。

物価指数は、決められた財・サービスを購入するための金額、と先に解説しました。ゆえに、物価が上がるということは、その財・サービスを購入するための金額が増えていることなので、対価として支払う通貨自身の価値が下がっていることでもあります。

逆に、物価が下がっているときは、同じ財・サービスを少ないお金で買えるようになるので、通貨自体の価値が上がっているとも言えます。

このように、物価は実際の財・サービスと通貨との交換比率としての側面も持っており、物価の変動とは、財・サービスと比較した通貨の相対的な価値の変化とも考えられます。

このため、**社会全体に出回っている通貨の量**（マネーストック。130ページで詳しく解説します）**の変化もまた、物価に影響を与えるのです。**

なお、極端な物価の変動が起こるケースでは、こうした通貨の価値の激変が背景にあることが一般的です。

たとえば、16世紀にヨーロッパで発生した物価上昇については、アメリカ大陸から運んだ銀を銀貨の鋳造を通じて大量に流通させたことがその原因の一つとして指摘されています。

通貨の価値に関する議論はマクロ経済学において基本的なテーマの一つですが、本書の対象を超えていますのでこれ以上は深く解説しません。

次ページ以降においても、102ページで解説したように、需要と供給の関係が物価変動の主な要因であるとして議論を進めていきましょう。

4 「インフレーション」はなぜ起きるのか？

「ディマンド・プル」型と「コスト・プッシュ」型、そして資産インフレ

物価が継続的に上昇する現象を「インフレーション（インフレ）」と呼びます。

一般的に、景気が拡大している最中はインフレが起きやすいとされます。それは、景気拡大によって家計の所得や企業の収益が増えるにつれて、家計による消費や企業による投資も増える結果、財・サービスへの需要が増すからです。このように、需要の高まりによって引き起こされるインフレを**「ディマンド・プル・インフレ」**と呼びます。

一方、不作・不漁に伴う農水産物供給の減少や、原油や鉄鉱石といった資源価格の高騰など、財・サービスを供給する側が財・サービスを安く提供できなくなる問題もまたインフレの要因となります。このように、供給側のコストが上昇することによって引き起こされるインフレを**「コスト・プッシュ・インフレ」**と呼びます。

なお、「コスト・プッシュ・インフレ」は不況時にも生じることがあり、不況とインフレが同時に起こることを**「スタグフレーション」**と呼びます。

ところで、インフレと似たような現象として**「資産インフレ」**と呼ばれる状況があります。これは一般の財・サービスではなく、株価や地価などの資産価格が上昇する現象を指します。

インフレのメカニズム

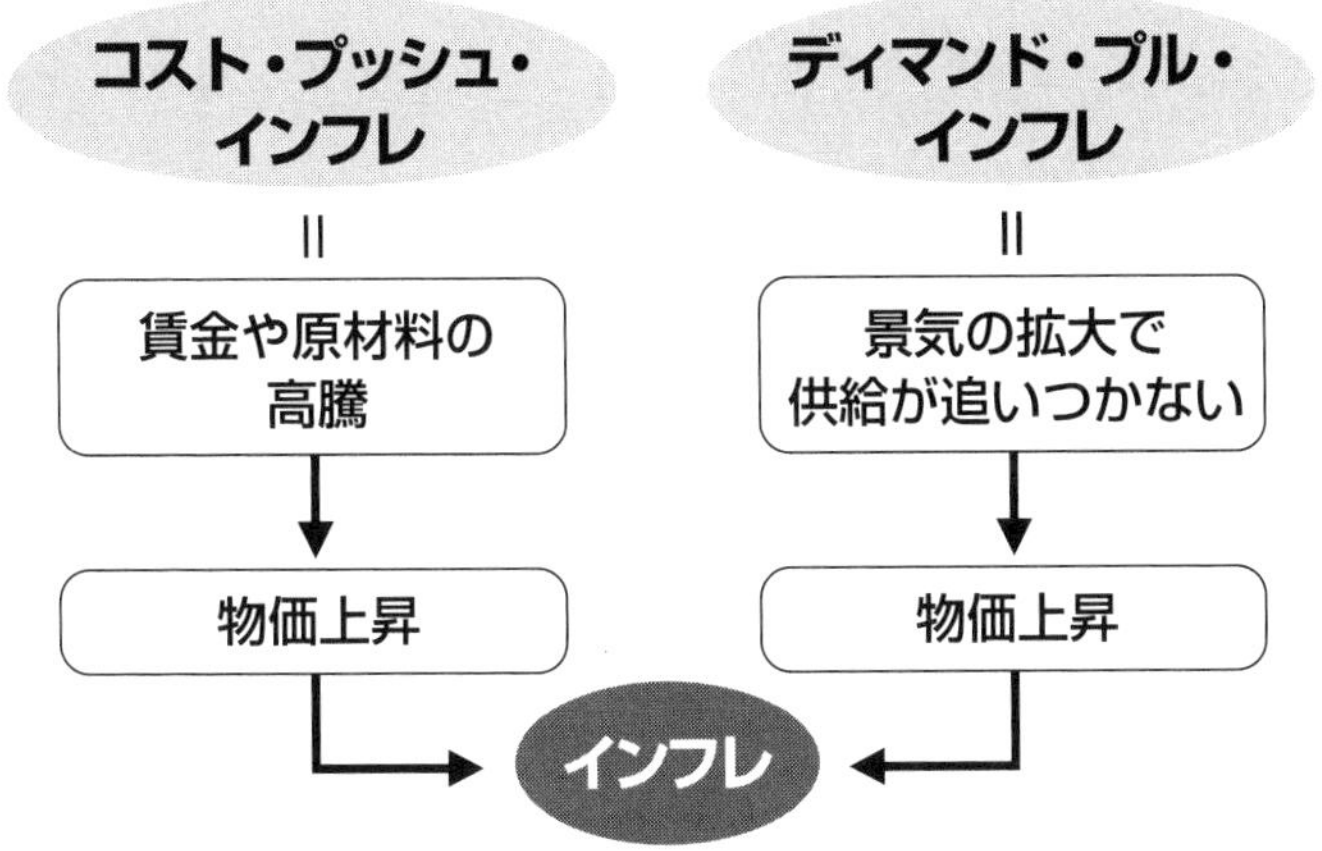

資産インフレはマネーストックの増加がその要因となりやすい、と言われています。社会全体で余裕ある資金が増えると、資金が株式や土地などの投資先に向かい、それらの需要を押し上げて、結果としてそうした資産の価値が上がる、という考え方です。

マネーストックと物価の関係については、132ページで改めて解説します。

また、インフレーションのうち、極端に物価が高騰するものを指して、**「ハイパーインフレーション」**と呼びます。前節で述べたとおり、ハイパーインフレーションが生じる背景には通貨の価値の急落があることが一般的です。近年通貨価値の暴落によるハイパーインフレーションに見舞われた国の例としては、南米のベネズエラやアフリカ南部のジンバブエが挙げられます。

5 物価下落が続く「デフレーション」の仕組みとは？

モノが売れない供給過多の状態がきっかけに…

インフレとは逆に、**物価が継続的に下落する現象を「デフレーション」と呼びます。**

その要因は前節で説明したのとは逆の状態です。財・サービスの需要が相対的に低くなり、供給のほうが相対的に高まると、需要と供給のバランスを保とうとして物価を押し下げる、と説明されるのが一般的です。

そのため、景気が後退している局面でデフレは起こりやすいと言われています。

一見、デフレは私たちの暮らしにとって「良いこと」のように思えるかもしれません。たとえば、かつて1000円だったものが800円で買えるとしたら、浮いた200円でまた欲しいものが買えるでしょう。すなわち、1000円の貯金を持っていた人は、このデフレによって、実質的に貯金が増えたことになります。

確かに、これはデフレの良い側面です。財・サービスの値段が安くなればそれだけ個人消費が盛んになり、近い将来に景気が回復するきっかけとなるかもしれません。しかし、あなたが借金をしていたらどうでしょうか？　もともと1000万円のローン残高を抱えているとして、このような価格の下落が起こったとしたら、今後返さなければいけない金額は、かって借りた金額に相当する財・サービスの価値（現在８００万円になっています）を超えてしまうことになります。これは、実質的にローンの負担が増えたことにほかなりません。

この例とまったく同様のことが、企業の借入金においても言えます。

このように、**デフレは実質的な債務の負担を重くする効果も持ち合わせている**のです。逆にインフレは実質的な債務の負担を軽くし、実質的な貯金の額を減らす効果があります。

デフレーションの仕組み

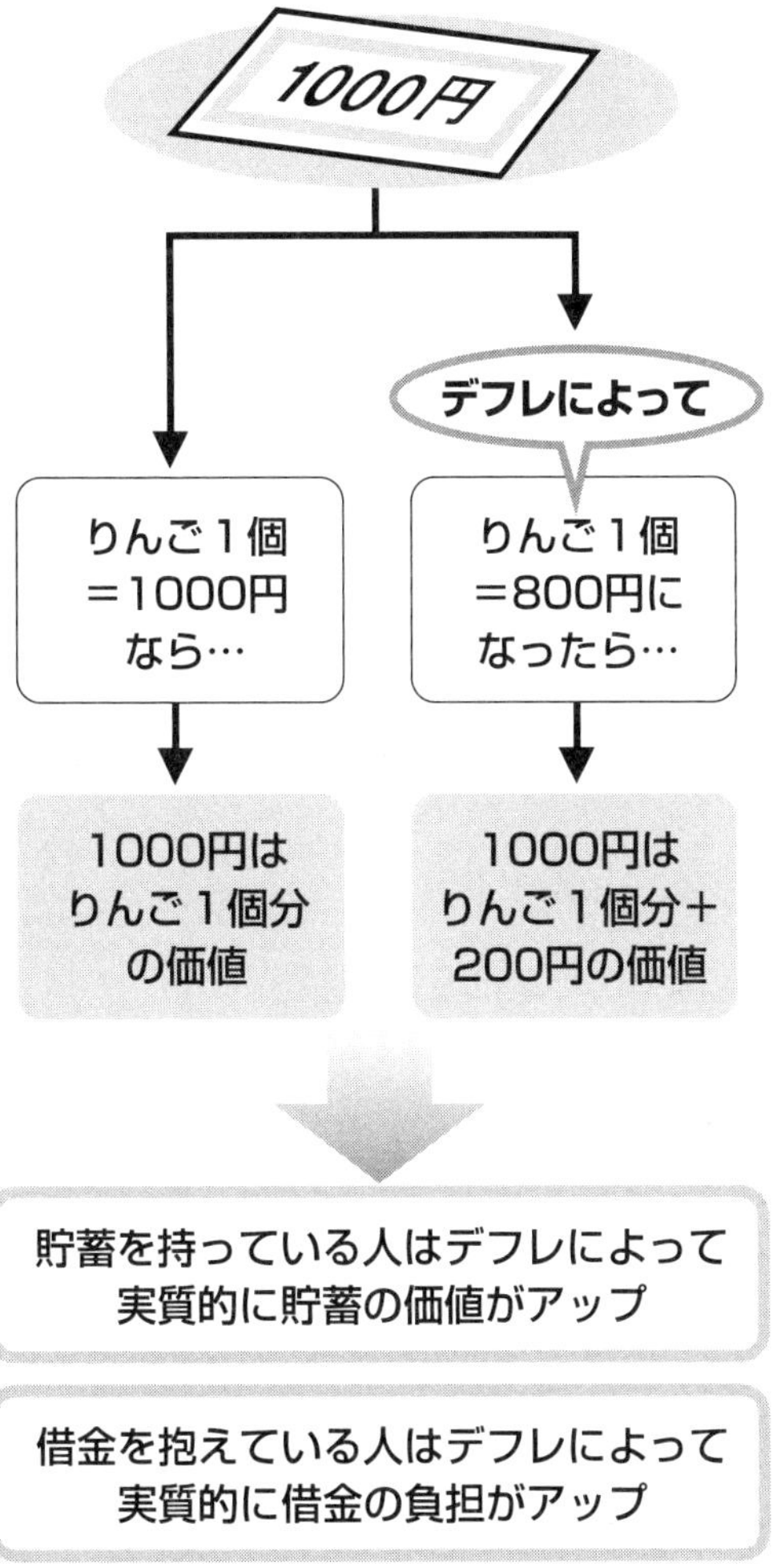
1000円
デフレによって
りんご１個
＝1000円
なら…
りんご１個
＝800円に
なったら…
1000円は
りんご１個分
の価値
1000円は
りんご１個分＋
200円の価値
貯蓄を持っている人はデフレによって
実質的に貯蓄の価値がアップ
借金を抱えている人はデフレによって
実質的に借金の負担がアップ

6 日本が陥ったデフレスパイラルとは？

「三つの過剰」が物価の重しに…

物価が下落しても需要が上がらず景気が後退し、さらに物価下落が進んでしまう現象を**「デフレスパイラル」**と言います。バブル崩壊後の日本も、この現象に苦しめられました。そのメカニズムを紹介しましょう。

まず、モノが売れなければ、それを生産する企業の売り上げは減少し、業績が悪化します。すると、企業で働く従業員の賃金も上がらなくなるでしょうから、そんな状態ではモノを買うどころではありません。

こうして、経済全体の需要が下がります。需要が下がれば、物価は下落します。

……と、ここまでは既に解説した一般的なデフレの仕組みです。通常であれば、物価が下落したことによって、徐々に家計消費を中心に需要が持ち直し、やがて景気の回復局面に入ります。これは、デフレによって家計の持っている預金の実質的な価値が高まるからです。

しかし、日本は長らく物価が伸び悩んできました。その原因の一つは**「三つの過剰」**と呼ばれる問題にあると考えられます。

日本の企業はバブル期に過剰な「生産設備」「債務」「労働力」を抱え込むに至りました。

デフレスパイラルの仕組み

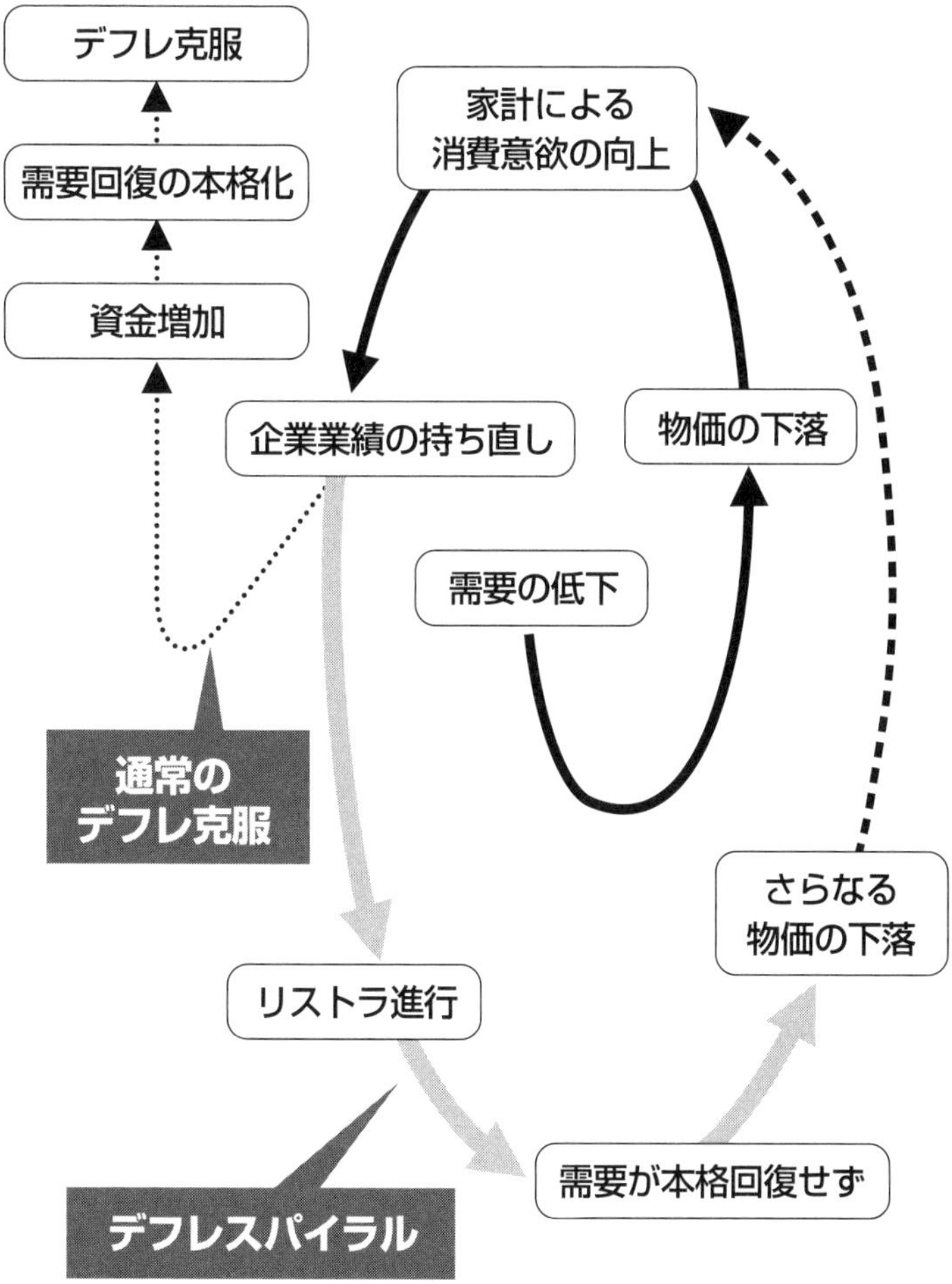

特に「債務」については、前にも解説したとおり、デフレの下では実質的な負担を増やすことにほかならず、企業の首を絞めることになります。

そこで日本の企業は、業績が多少改善しても引き続きリストラを行い、「三つの過剰」の解消に努めました。これによって企業の設備投資は抑制されました。

そのうえ、人員整理や賃金抑制、先行き不安などを反映して家計消費も伸び悩んだため、デフレ脱却に必要な需要の増加は不十分なものにとどまりました。低調な需要動向の下では企業業績の改善ピッチは遅々としたものとなり、その結果としてますますリストラに精を出すことになりました。

かくして、景気と物価が互いに足を引っ張り合うという形で循環的に（らせんを描くように）深刻化していきました。この現象を特に「デフレスパイラル」と呼んだのです。一度この悪循環が生じると、脱却はなかなか難しいものです。

２０１２年末に始まるアベノミクス（１５６ページで詳しく解説します）は、デフレからの脱却を目標の一つとするものでした。

実際、２０１３年12月の月例経済報告において、物価の判断から「デフレ」という表現が4年ぶりに削除されました。もっとも、いまだに政府は「デフレを脱却した」とは宣言していません。

日銀短観に見る「三つの過剰」の解消の過程

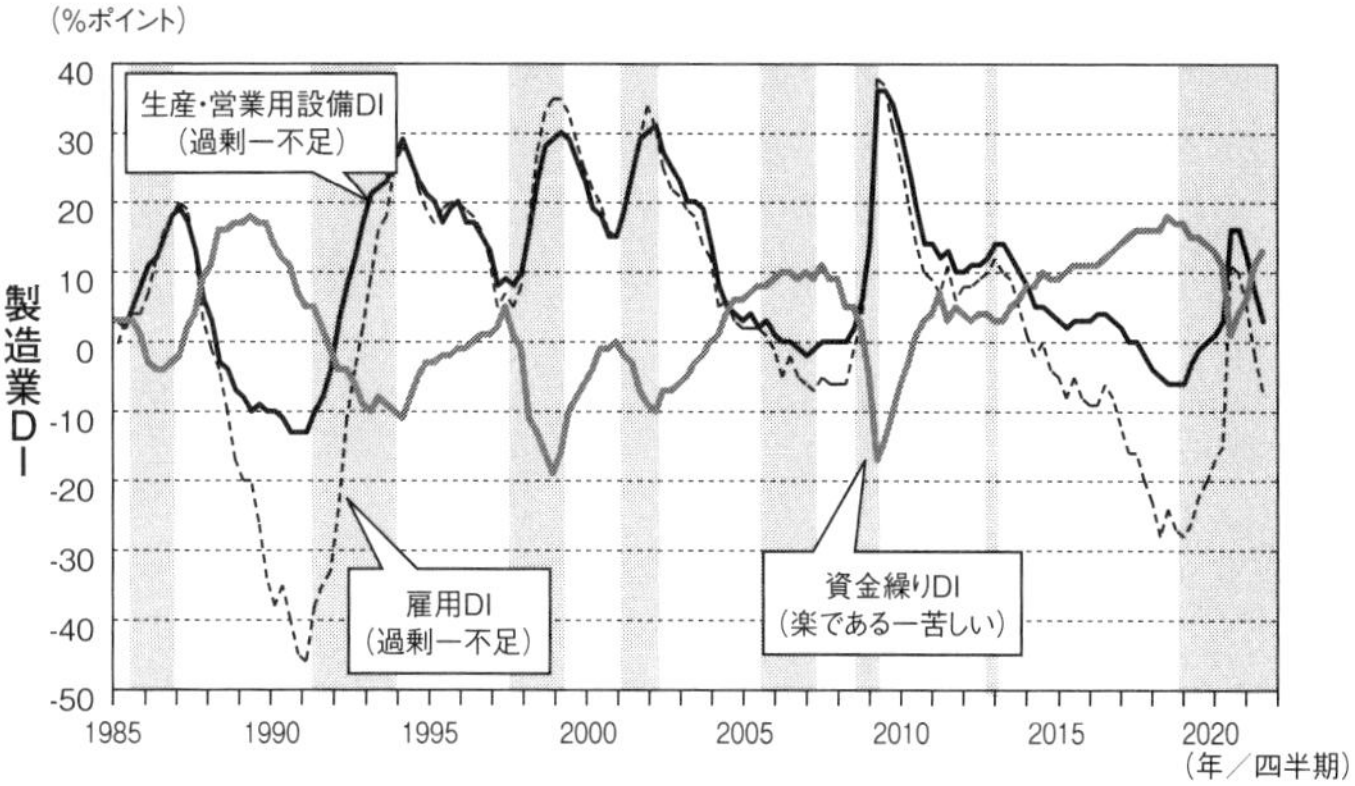

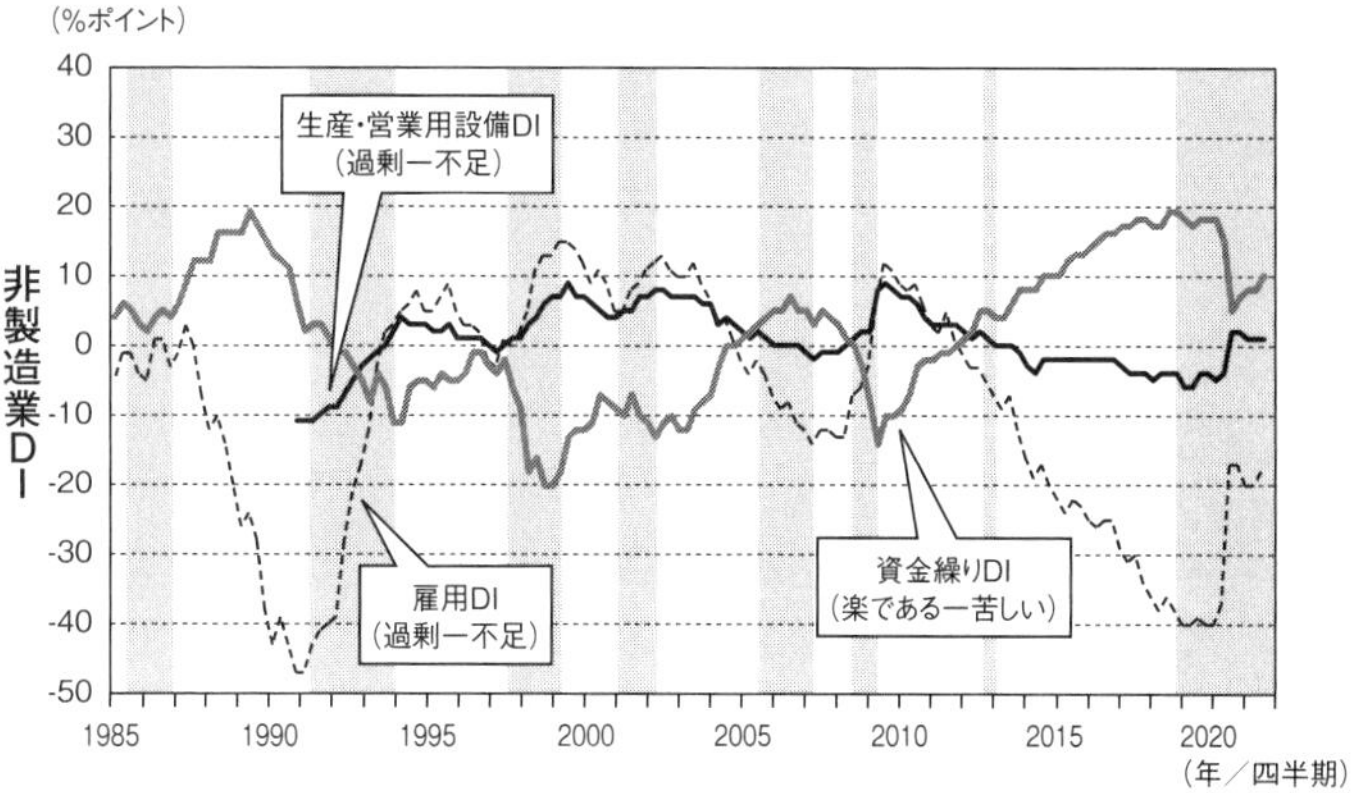

出所:日本銀行「短期経済観測調査」
注:網掛け部は景気後退期。

1990年代には企業はまだリストラ途上であったため、景気拡大期においてもなお設備・雇用の過剰感が強くみられました。また、過剰債務を背景に資金繰りも厳しい企業が数多かったことがわかります。しかしリストラの進展に伴い、2002年以降の景気拡大ではようやく設備や雇用の過剰感が解消され、資金繰りも好転しました。2013年以降の景気拡大期には、資金繰りが大幅に改善し、雇用の不足感が顕著に強まりました。また設備の不足感も明確に現れました。

7 為替とは何か？為替レートとは何か？

国際取引で用いられる通貨の交換比率

ここまでは、日本国内における物価に注目しました。本章の後半では、海外とのお金の交換比率に目を向けます。異なる通貨を超えた取引のことは、しばしば**「為替」**と呼ばれます。

近年、経済のグローバル化は著しい勢いで進展しています。各国の経済的なつながりはますます密接なものとなり、国際間の資金の移動は年々活発化しています。そこで知っておきたいのが為替に関する知識です。

一般に為替とは、手形や小切手、郵便為替、銀行振り込みなどを用いて、地理的に離れた場所との間において現金以外で決済する方法のことを指し、そのうち通貨の異なる国同士で取引を行うことを特に**「外国為替」**と言います。ただし、昨今は単に「為替」というと、外国為替を指すのが普通です。遠く離れた外国と現金のやりとりをするのは輸送の手間などがかかり現実的でありませんので、一般に為替によって取引されます。

さて、何を売買するにせよ、外国と取引する場合には、言うまでもなく国や地域によって通貨の単位が異なることが問題となります。「1ドル＝100円」という具合に、**通貨と通貨を交換するための交換比率を決める必要があるの**はそのためです。そして、この**交換比率**

のことを「為替レート」と呼んでいるのです。

為替とは?

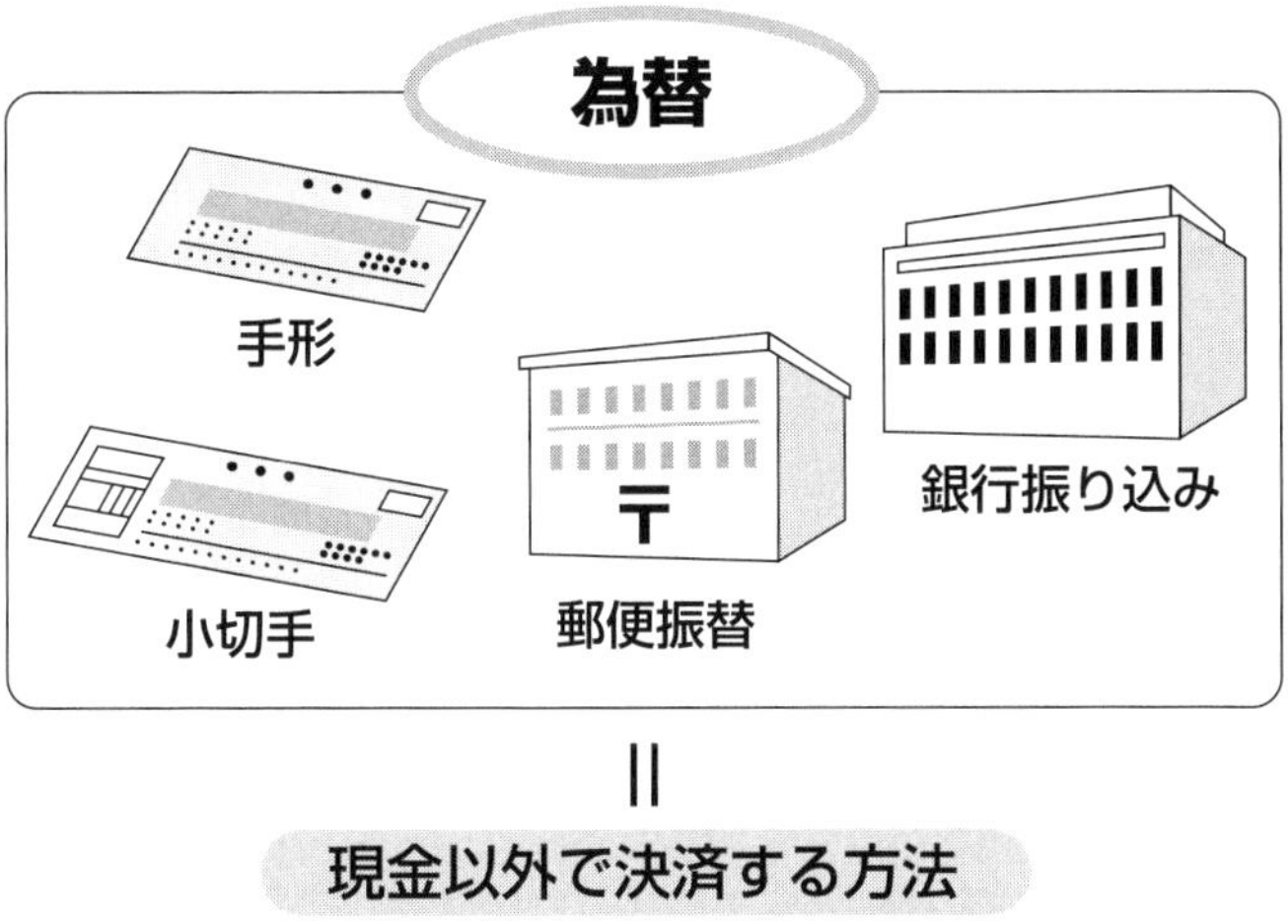

最近は、「為替」というと
外国為替を指していることが多い

8 為替レートが変化するメカニズム(1)

物価の違いが為替レートに影響する

2国間の為替レートが変化する原動力として最初に考えられるのは、2国間の物価が均等になるような水準に為替レートが収束する、という考え方です。これを**「購買力平価説」**と呼んでいます。

たとえば昨年「1ドル＝100円」であったとしましょう。もしこの1年間の物価上昇率がアメリカで4％、日本で1％であったとすると、昨年アメリカで1ドルだったモノは今年1・04ドルになっていますし、昨年日本で100円だったモノは今年101円になっています。すると今年はそれらのモノの価格が均等になるように為替レートが決まる（1・04ドル＝101円）、すなわち今年の為替レートは1ドル≒97・1円となり、昨年よりも円高ドル安に振れているはずです。これが「購買力平価説」の発想です。

「購買力平価説」をより興味深く説明するために、ビッグマックの比較がしばしば用いられます。左の図を見てください。2021年7月時点で、アメリカのビッグマックは5・65ドル、日本のビッグマックは390円です。このとき現実の為替レートは1ドル＝109・9円でしたが、日米両国でビッグマックの価格が均等化する1ドル＝69円に円ドルレートが

「購買力平価説」の基本的な考え方（ビッグマックを例に）

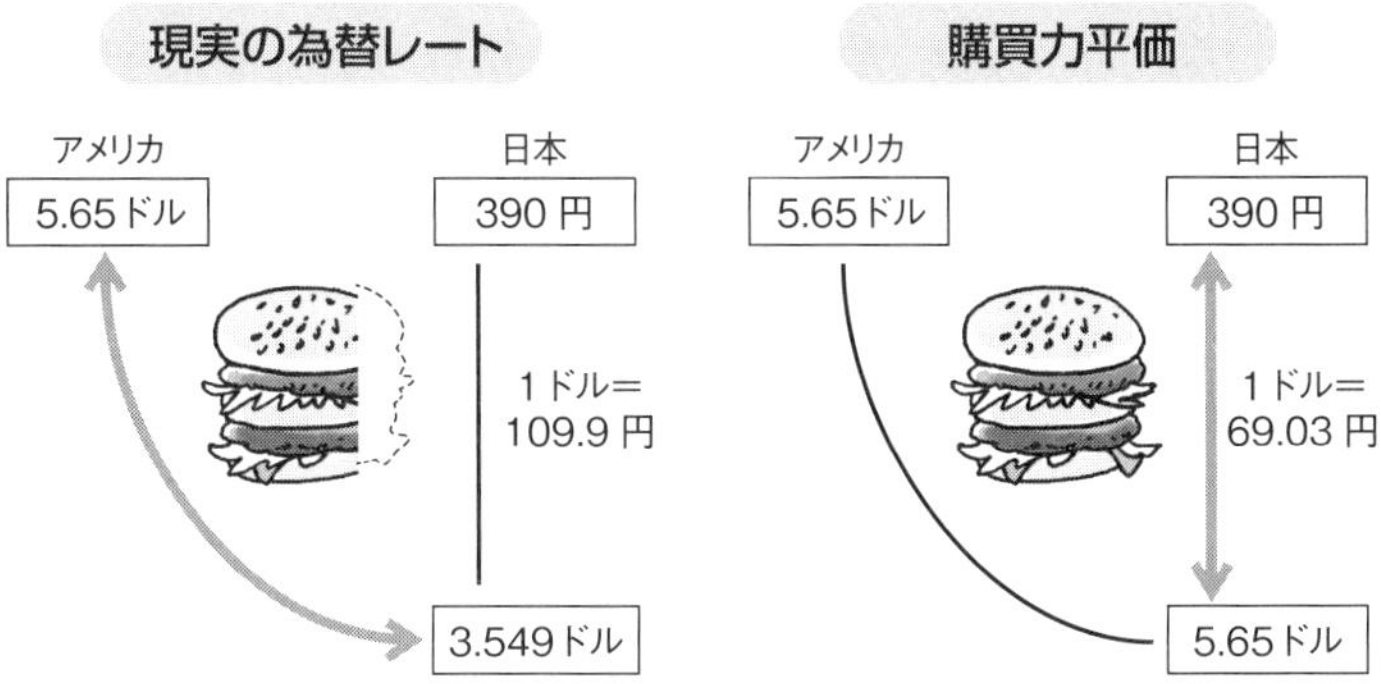

現実の為替レートでは、日本のビッグマックはアメリカより 37％安いことになります。このとき、為替レートとしても日本円がドルに対しても 37％安く評価されている、と考えるのが購買力平価説の発想です。

日米のビッグマックが同じ価格になるためには、1ドル＝69.03円（390÷5.65）になればよいことがわかります。これが購買力平価説に従った為替レート、ということになります。

出所:The Economist "The Big Mac Index"

収束する、と考えるのが、「購買力平価説」の原理なのです。

実際には、両国で取引される財やサービスには、容易に国境を越えられないものもありますから、すべての財・サービスの価格が平準化するわけではありません。したがって「購買力平価説」はあくまで長期的に成り立つかもしれない、という仮説に過ぎません。

それでも物価の上昇が著しい国の為替レートは、物価の上昇が緩やかな（あるいはデフレの）国と比べて、為替レートが安くなりがちである、という関係性がしばしば観察されます。

9 為替レートが変化するメカニズム(2)

各国通貨の需要と供給のバランスも為替レートに影響

前節では物価の差が為替レートに影響する、という考え方を紹介しました。市場原理に任せて為替レートが変化する仕組み（これを変動相場制と呼びます。↓126ページ）を採用している国では、通常の財・サービスの価格と同様に、通貨の需要と供給のバランスも為替レートの変動要因となります。

それでは、何が通貨の需要や供給の要因となっているのでしょうか？　再び、円とアメリカドル（米ドル）を例にとって考えてみましょう。

たとえば、**日米の金利差は通貨の需給に影響を与えます。**日本の金利と比較してアメリカの金利が高くなると、金利の高いアメリカでお金を貸したり、アメリカの国債を購入したりしたいと考える日本の投資家や日本企業が増えます。そのためには、円を売ってドルを手に入れる必要がありますので、おのずとドルの需要が増え、為替レートは円安ドル高に振れることになります。このように、金利差に注目して円を売って外国通貨を買う取引のことを一般に**「円キャリートレード」**と呼びます。

また、**貿易などの状況が為替レートに影響を与える効果もあります。**たとえば、アメリカへの輸出が増えると、日本の輸出業者は対価として得たドルを円に交換しようとするため（あるいは、アメリカの輸入業者が、支払いのために円を手に入れようとするため）、円の需要が増えることになります。この場合は円高ドル安に為替レートが振れることになります。

過去に海外に投融資した資産からの収益も、お金のやりとりを生み出します。日本企業がアメリカ企業の株を保有していて、そこからドルで配当金を得れば、日本企業がそれを日本円に転換しようとする需要が生まれます。これは円高ドル安要因になります。逆にアメリカの銀行が日本企業にお金を貸している状況を考えましょう。日本企業がアメリカの銀行に利息を支払うために、手持ちの円をドルに転換する需要が生まれますから、これは円安ドル高要因になるでしょう。

このように、**投資資金やその収益のやりとり、あるいは貿易の状況などが、各国の通貨に対する需要と供給を生み出し、為替レートに影響を与えている**と考えられます。なお、海外とのお金のやりとりを総合的に集計した統計を「国際収支統計」と呼んでいます。これは140ページで再び解説しましょう。

10 円高・円安は日本経済にどのような影響があるのか？（1）

海外旅行に行くなら円安は損

ここまで、「円安ドル高」「円高ドル安」などの言葉を断りなく用いてきました。いま一度その意味合いを整理しましょう。

「円高」「円安」はその名のとおり、外国の通貨に比べて日本の通貨である「円」の価値が高くなること、低くなることをそれぞれ指します。

私たちが最もよく目にする円とドルの為替レートを例にとりましょう。

さて、1ドル＝80円が1ドル＝100円になるのは円高でしょうか、それとも円安でしょうか？　80円から100円に数字が大きくなっているので、円高になっていると錯覚しがちですが、実際に上がっているのはドルの価値のほうです。

したがって、これは円安（ドル高）に当たります。1ドル＝80円ということは、言うまでもなく80円で1ドル紙幣を入手できるということです。それが1ドル＝100円になると、1ドル紙幣を入手するためには100円かかります。つまり、1ドルを交換するためにより多くの円が必要となるわけですから、**相対的にドルの価値が上がって、円の価値は下がったと言える**のです。

円ドル為替レートの推移（月末値）

出所:日本銀行　注:東京インターバンク市場のドル・円スポット、17時時点。

※「変動相場制」「固定相場制」の意味は126ページで解説します。

では、円高と円安、どちらが望ましいのでしょうか？　あなたが近いうちに海外旅行を予定しているなら、円安は嬉しくありません。

たとえば、アメリカ旅行に出かけるに当たって、買い物の資金として10万円を持って行こうとすると、1ドル＝80円なら1250ドル分の買い物が楽しめたはずですが、1ドル＝100円になれば1000ドル分の買い物しかできません。

11 円高・円安は日本経済にどのような影響があるのか？(2)

輸出企業と輸入企業では、受ける影響が正反対

海外旅行に行くならともかく、日本経済という視点で見ると、話はそう単純ではありません。いま一度、円とドルの為替レートを例に考えてみましょう。

円安の恩恵を受けるのは、たとえば**アメリカに製品を輸出する企業です。**

1ドル＝80円であれば、日本国内で1個８００円の製品はアメリカで10ドルで売られることになります。しかし1ドル＝１００円になると、この製品は8ドルになります。アメリカでの売価が自動的に割り引きされたわけですから、この製品の売れ行きは良くなるはずです。あるいは、引き続きアメリカでこの製品を10ドルで売るとなれば、日本円に換算すると１０００円の売上が立つことになります。いずれにせよ、輸出企業にとっては円安はメリットをもたらしてくれます。

一方、**アメリカから原材料や製品などを輸入している企業は円安によって損をします。** 1ドル＝80円であれば、80万円出すと1万ドル分を輸入することができました。しかし1ドル＝１００円になると、同じ金額で８０００ドル分しか輸入することができません。円安によって、輸入品が実質的に割高となったのです。

このように、為替レートの変動は輸出入を行っている企業に対して重大な影響を与えかねません。とはいえ、企業は手をこまねいて為替レートの変動を眺めているわけではありません。**「為替予約」と呼ばれる方法で、先々の為替レートをあらかじめ契約で決めておくことによって、企業業績への影響を最小限に抑えています。**

為替レートの影響がどう表れるか

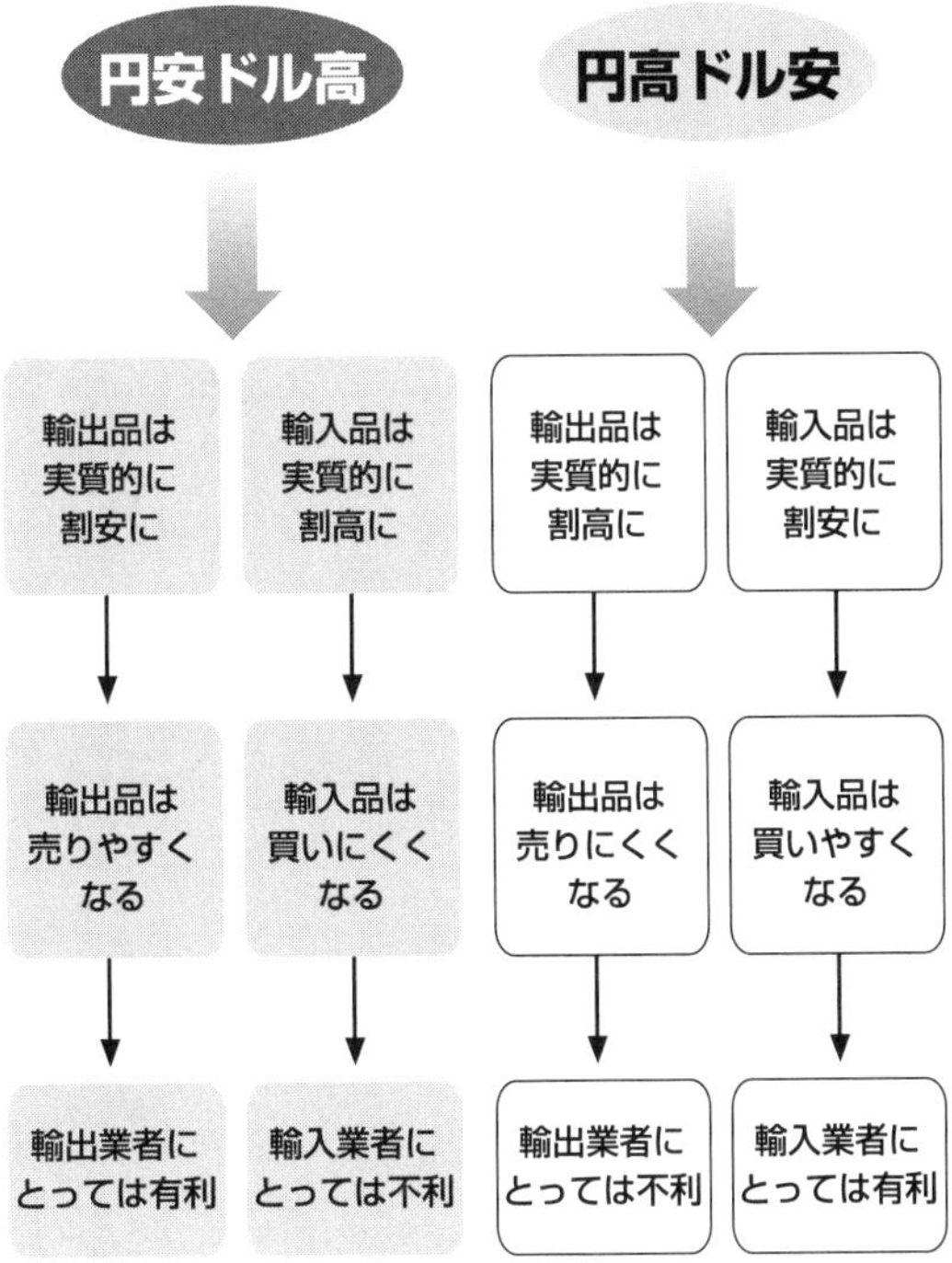

為替レートの変化は企業に大きな影響を与える。
そのため「為替予約」も使われる

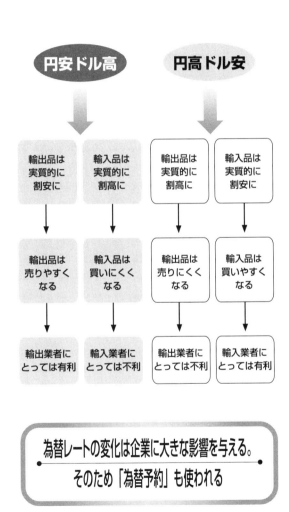

12 円高・円安は日本経済にどのような影響があるのか？(3)

日本全体の輸出・輸入への影響

前節で説明したことは、日本全体の輸出と輸入についても当てはまります。円安になると輸出品が割安になり、海外への輸出が増える傾向があります。その一方、円安になると輸入品が割高になることによって、国内への輸入が減る傾向があります。このように、**円安になると貿易収支（輸出額から輸入額を差し引いた差額）は改善することが期待されます。逆に円高は貿易収支を悪化させる要因となりがちです。**

とはいえ、たとえば**実際に円安が起こっても、すぐにその影響が輸出の増加あるいは輸入の減少として表れるわけではありません。**なぜなら、為替レートが変わったからといって、貿易の量はたちどころには変化しないからです。たとえば輸出を考えると、既に貨物船に載せられて海外に移送されている輸出品があるかもしれませんし、あるいは契約によって一定期間の輸出量が決まっている輸出品もあるかもしれません。そのため、円安によって貿易収支が改善するまでの間、むしろ貿易収支は悪化に触れる可能性があります。

もしも前ページで例に示したような円安（1ドル＝80円→1ドル＝１００円）になっても輸出量や輸入量に変化がなかったとしましょう。たとえば、1台80万円輸出されていた機械

Jカーブ効果の模式図（円安が進行している場合）

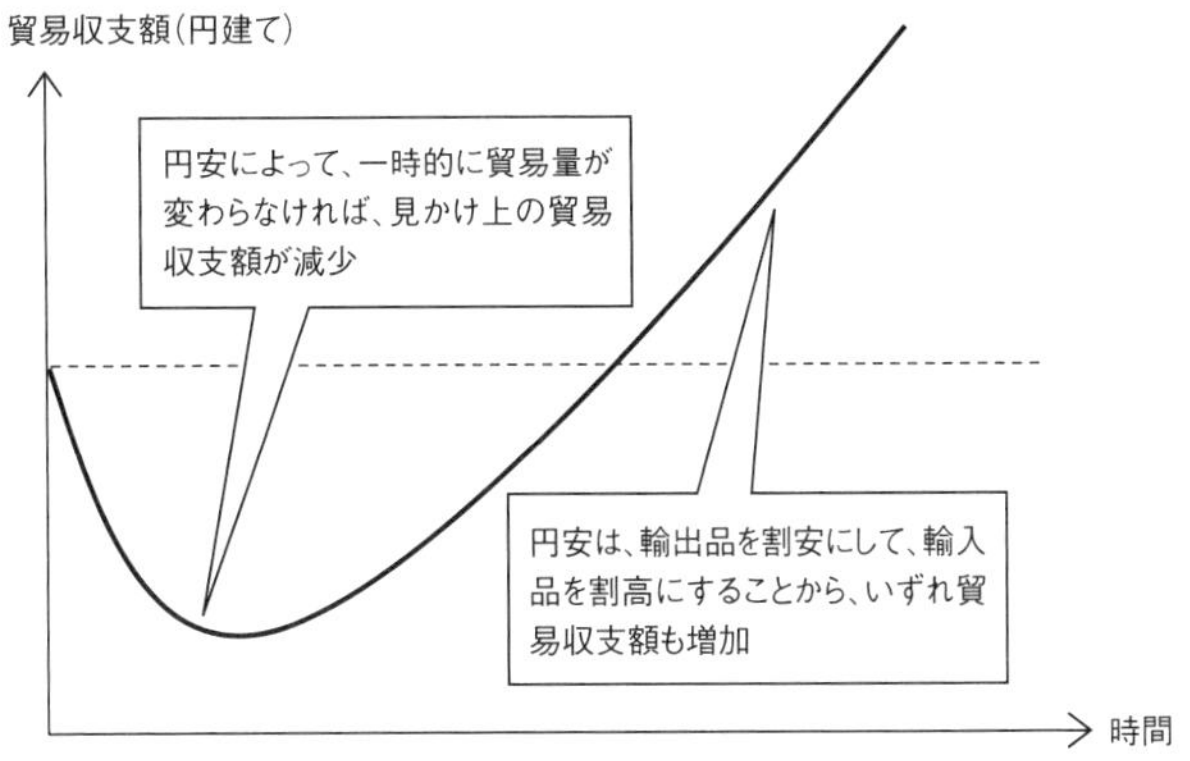

貿易収支額（円建て）
円安によって、一時的に貿易量が変わらなければ、見かけ上の貿易収支額が減少
円安は、輸出品を割安にして、輸入品を割高にすることから、いずれ貿易収支額も増加
時間

は、円安になっても80万円であり続ける限り、機械の輸出台数に変化がなければ輸出総額も当初と変化しません。しかし1バレル＝100ドルで輸入していた原油は、当初8000円だったのに、円安によって1万円に値上がりしました。もし原油の輸入量に変化がなければ、輸入総額は上がってしまったのです。この結果、円安にもかかわらず、貿易収支は悪化したということになります。

このように、円高・円安の影響が一時的には逆方向に表れる現象のことを、グラフに表したときの形になぞらえて**「Jカーブ効果」**と呼んでいます。

さて、現実に「Jカーブ効果」は観察されるのでしょうか。これは172ページで確かめることにします。

13 為替の制度とは？

現在主流となっているのは「変動相場制」

為替レートの決め方には、大きく分けると**「固定相場制」**と**「変動相場制」**の二通りがあります。前者はその名のとおり、交換比率を一定の水準に固定する制度、後者は市場原理に任せて日々刻々と為替レートが変動する制度です。かつて、世界各国は「固定相場制」を採用していました。しかし、先進諸国は1973年に「変動相場制」に移行しました。**現在、ドルやユーロ、円など世界の主要な通貨は変動相場制を採用しています。**

また、「固定相場制」と「変動相場制」の中間的な位置づけとして**「ペッグ制」**を採用している通貨が、経済規模の小さい国を中心に見られます。

これは、主要な通貨（たとえばドル）との為替レートを一定にしておいて（但し、一定の範囲内での変動を認める場合もあります）、それ以外の通貨との為替レートはドルと一緒に動く、という仕組みです。「ドル・ペッグ制」などという具合に、交換比率を固定している通貨の名称をつけて呼んでいます。現在も中東の湾岸諸国などがこの「ドル・ペッグ制」を採用しています。ユーロを導入していない欧州の国の一部や西アフリカ諸国などは「ユーロ・ペッグ制」を採用しています。

郵便はがき

料金受取人払郵便

牛込局承認

9092

差出有効期限
令和7年6月
30日まで

162-8790

東京都新宿区揚場町2-18
白宝ビル7F

フォレスト出版株式会社
愛読者カード係

フリガナ お名前	年齢　　　歳 性別（ 男・女 ）
ご住所　〒 ☎　　（　　）　　FAX　　（　　）	
ご職業	役職
ご勤務先または学校名	
Eメールアドレス メールによる新刊案内をお送り致します。ご希望されない場合は空欄のままで結構です。	

フォレスト出版　愛読者カード

ご購読ありがとうございます。今後の出版物の資料とさせていただきますので、下記の設問にお答えください。ご協力をお願い申し上げます。

● ご購入図書名　「　　　」

● お買い上げ書店名「　　　」書店

● お買い求めの動機は?

1. 著者が好きだから　2. タイトルが気に入って
3. 装丁がよかったから　4. 人にすすめられて
5. 新聞・雑誌の広告で(掲載誌誌名　　　)
6. その他(　　　)

● ご購読されている新聞・雑誌・Webサイトは?

(　　　)

● よく利用するSNSは?(複数回答可)

□ Facebook　□ Twitter　□ LINE　□ その他(　　　)

● お読みになりたい著者、テーマ等を具体的にお聞かせください。

(　　　)

● 本書についてのご意見・ご感想をお聞かせください。

● ご意見・ご感想をWebサイト・広告等に掲載させていただいてもよろしいでしょうか?

□ YES　□ NO　□ 匿名であればYES

また、ペッグ制と似た仕組みとして、**「通貨バスケット制」**と呼ばれる制度もあります。

これは特定の通貨との為替レートを固定するのではなく、複数の国の通貨の平均的な価値に連動するように為替レートを固定するものです。たとえば中国は、２００５年まではドル・ペッグ制を採用していましたが、それ以降は通貨バスケット制に移行しています。

固定相場制と変動相場制

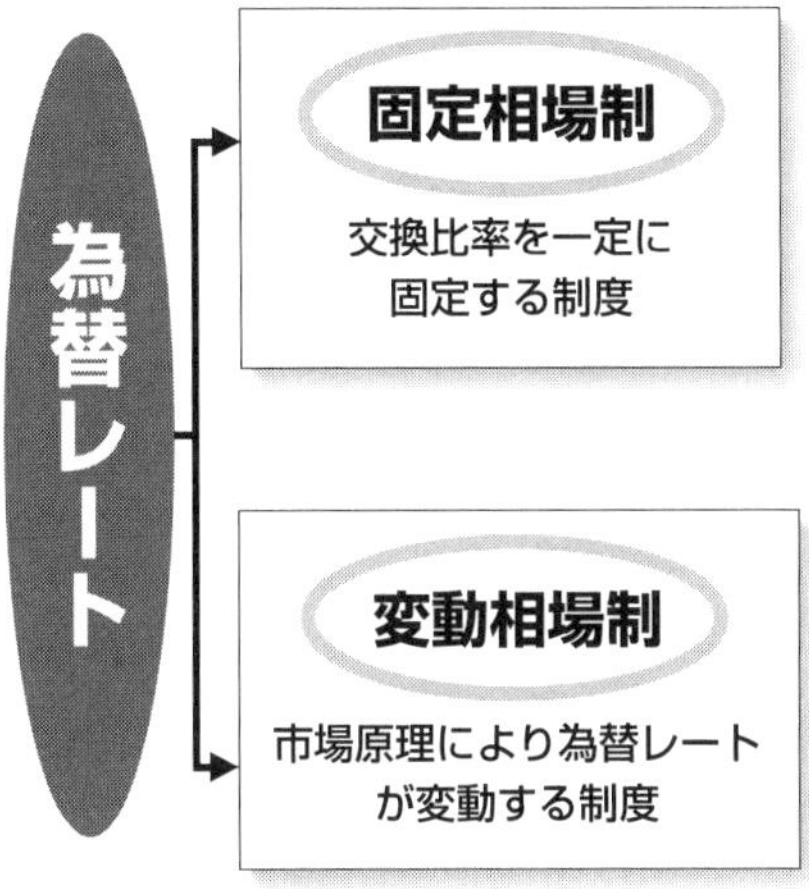

現在、ドル、ユーロ、円など、世界の重要な通貨は変動相場制を採用している

第5章

「お金」の大局的な流れをとらえよう！

～銀行の役割と金利の意味～

1 マネーストックとは何か？

世の中を駆け巡る「お金」の正体

通貨について述べた際、**「マネーストック」**という言葉を紹介しました（90ページ）。世の中のお金の動きを理解する上で「マネーストック」の話は避けて通れないので、ここで改めて押さえておきましょう。**マネーストックとは社会に出回っている通貨の量のこと**でした。通貨とは、紙幣・硬貨や預金などのことで、一般に新聞の経済欄などで見られる「マネーストック」は、「Ｍ３」の総量のことを言うと説明しました。

さて、マネーストックが増減するのはどういったときでしょうか？　私たちが買い物をしたり、給料を受け取ったりしても、マネーストックは社会全体では増えていません。通貨の所有者が代わるだけだからです。

また、私たちが口座から預金を引き出したり、口座に預金を預け入れたりしても、やはりマネーストックは変化しません。預金通貨と現金通貨が入れ替わるだけだからです。

マネーストックが増える瞬間、それは銀行が家計や企業にお金を貸したときです。たとえば、私たちが銀行から住宅ローンを借り受けて、それが私たちの預金口座に振り込まれたとしましょう。その口座に誰かが振り込みをしたわけでもないのに預金が増えているのですから、このとき預金通貨の増加という形でマネーストックは増えています。逆に、ローンの返済が始まると、口座からお金が毎月引き落とされることになります。引き落とされたお金は誰かの手に渡っているわけではないので、ここではマネーストックは減少しています。

マネーストックの前年比伸び率とその内訳

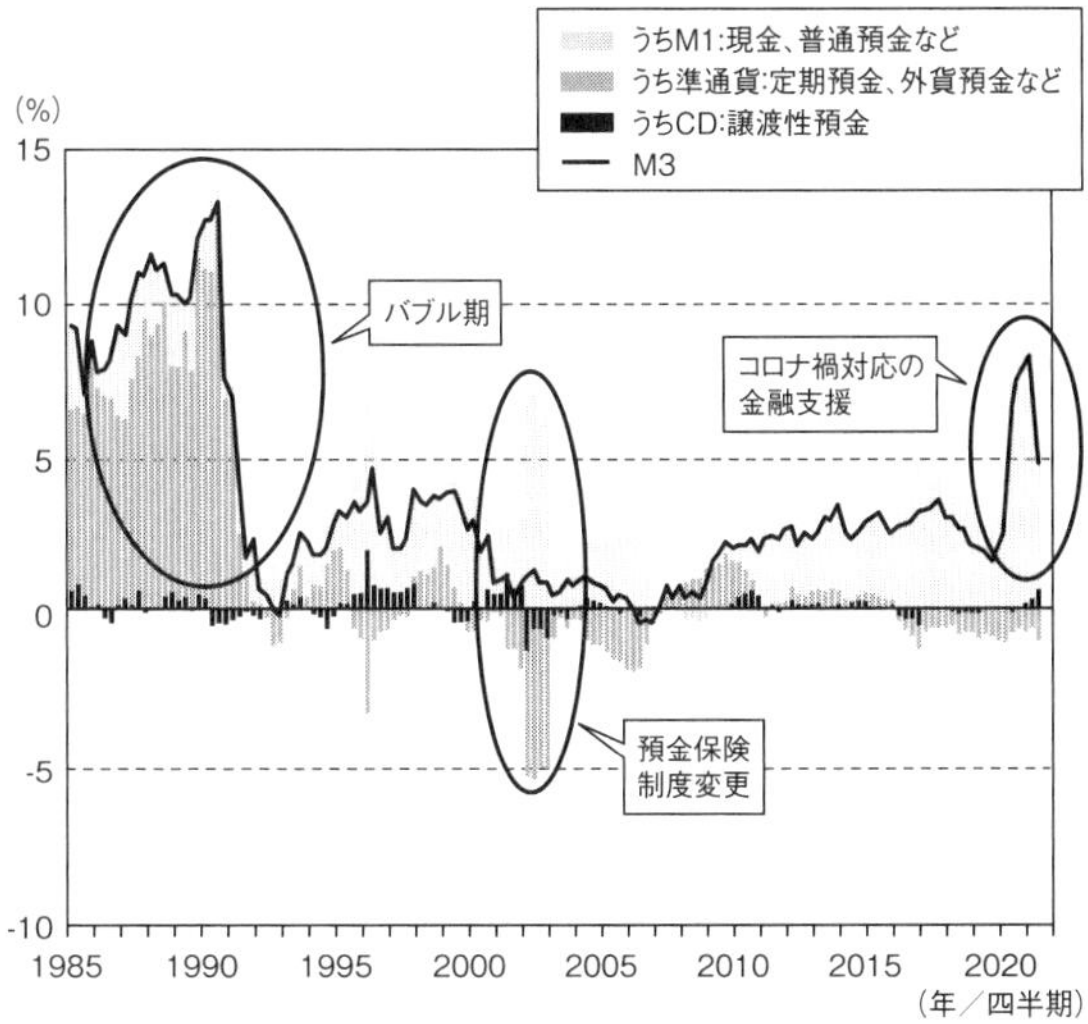

出所:日本銀行
注:各四半期末残ベース。現行のマネーストック統計は過去に遡及できないため、1999年第1四半期まではマネーサプライ統計のM2+CD、1999年第2四半期から2004年第1四半期まではマネーサプライ統計のM3+CD-金銭信託のデータを示している。

マネーストックの内訳を見ると、経済状況の移り変わりをうかがい知ることができます。たとえばバブル期には、定期預金・外貨預金(準備金)などが膨らんだことから、マネーストックの伸びは大きなものになっています。
2002年にも大きな変化が表れました。これは、預金保険制度の変更(金融機関破綻時に保護される対象となる預金を1千万円を限度とするもの。いわゆる「ペイオフ解禁」)に伴い、定期預金や外貨預金(準通貨)を解約して現金や普通預金(M1)で保管する人が増えたことなどに起因しています。

2 「お金」に対する需要

経済活動の活発さと関連するマネーストックの動向

前節で紹介したとおり、マネーストックは典型的には銀行貸し出しの増加によって生み出されます。このように、銀行がお金を生み出すことを指して、銀行による**「信用創造」**の機能と呼びます。

もっとも、銀行がお金を貸すということは、借り手が「お金を借りたい」という動機、すなわちお金に対する需要を抱いていることが前提となります。

たとえば私たちが住宅ローンを借りようとするとき、そこには「家を買う」という意思決定が伴っているはずです。

景気が上向きになって、より多くの人が家を買いたいと思うようになれば、それにしたがって住宅ローンに対する需要も高まります。銀行がそれに応じて住宅ローンの貸付を増やせば、その分マネーストックも増えることになります。

企業がお金の借り手となるときも同様です。景気が回復する局面では、企業は他の企業との取引を増やそうとします。企業は他の企業とのお金のやりとりに銀行口座間の振込を活用しています。そのため、企業間取引が活発になればなるほど、決済に用いるための預金に余裕を持たせようとする傾向があります。これが企業の運転資金の需要となります。

また景気が良くなることを見越した企業は、事業の拡大を図るために、工場に据え付けられる生産ラインや、オフィスに設置するＯＡ機器、店舗に設置する陳列棚や調度品といったさまざまな設備を増強したり刷新したりしようとします。それらに対する支出の一部を銀行からの借り入れによって賄おうとするならば、これはすなわち設備資金の需要が生み出されたことにほかなりません。

このように、**景気に対する前向きな見方が広がり、経済活動が活発になることが予期されれば、お金に対する需要が盛り上がります。**また、そのような状況では、財・サービスの需要も高まっているはずですから、物価も上昇する傾向にあることでしょう。

逆に、景気後退の局面では、家計の住宅取得意欲が低下するでしょう。企業も保守的になり、銀行からお金を借りるどころか、資金に余裕があれば借りたお金の返済に回そうとすることでしょう。したがって**景気の悪化によってマネーストックは抑制されることになりがちです。**このような状況では、財・サービスの需要も低下しているので、物価の上昇は鈍っているはずです。

このように、景気の動向とマネーストックの動向、さらには物価の動向には密接な関係性があるものと考えられます。

3 金利はどういう意味をもつのか？

資金の需要と供給のバランスで決まる金利の水準

通常、お金を借りるときには貸し手に対して金利を支払わなければなりません。**お金の借り手から見れば、金利は「お金を借りる費用」として作用します。逆に貸し手からすると、金利は一定期間その資金を貸し手に使わせることによって得られる「お金を貸す対価」となります。**

この関係性は、財やサービスの価格と同じような意味合いを持っています。価格が低ければより多くの消費者がそれを欲しがる一方、その価格で売ってもよいと考える企業はより少なくなるのでした。需要と供給が一致するように価格が決まる、という市場の機能を前提とすれば、財やサービスの需要量が相対的に大きければ価格の上昇要因となりますし、供給量が相対的に多ければ価格の下落要因となります。

お金もまったく同じです。金利が低ければより多くの家計や企業がお金を借り入れて支出を増やそうとします。その反面、その金利でお金を貸してもよいと考える家計や企業はより少なくなるでしょう。お金の市場においても需要と供給が一致するように金利が決まるのであれば、お金の需要が相対的に高いときに金利は上昇する傾向がみられ、お金の供給が相対的に高いときには金利が低下する傾向がみられるはずです。

このような認識が、このあと説明する金融政策の発想の源となります。もし人為的に金利を引き下げることができれば、それによってお金に対する需要が喚起されマネーストックの増加要因となるでしょう。その背景には、住宅や設備投資に対する需要の増加が伴っているでしょうから、物価の上昇要因ともなるでしょう。逆に人為的に金利を引き上げることができれば、マネーストックと物価を抑制することにつながるでしょう。

すべてがかかわりあっている

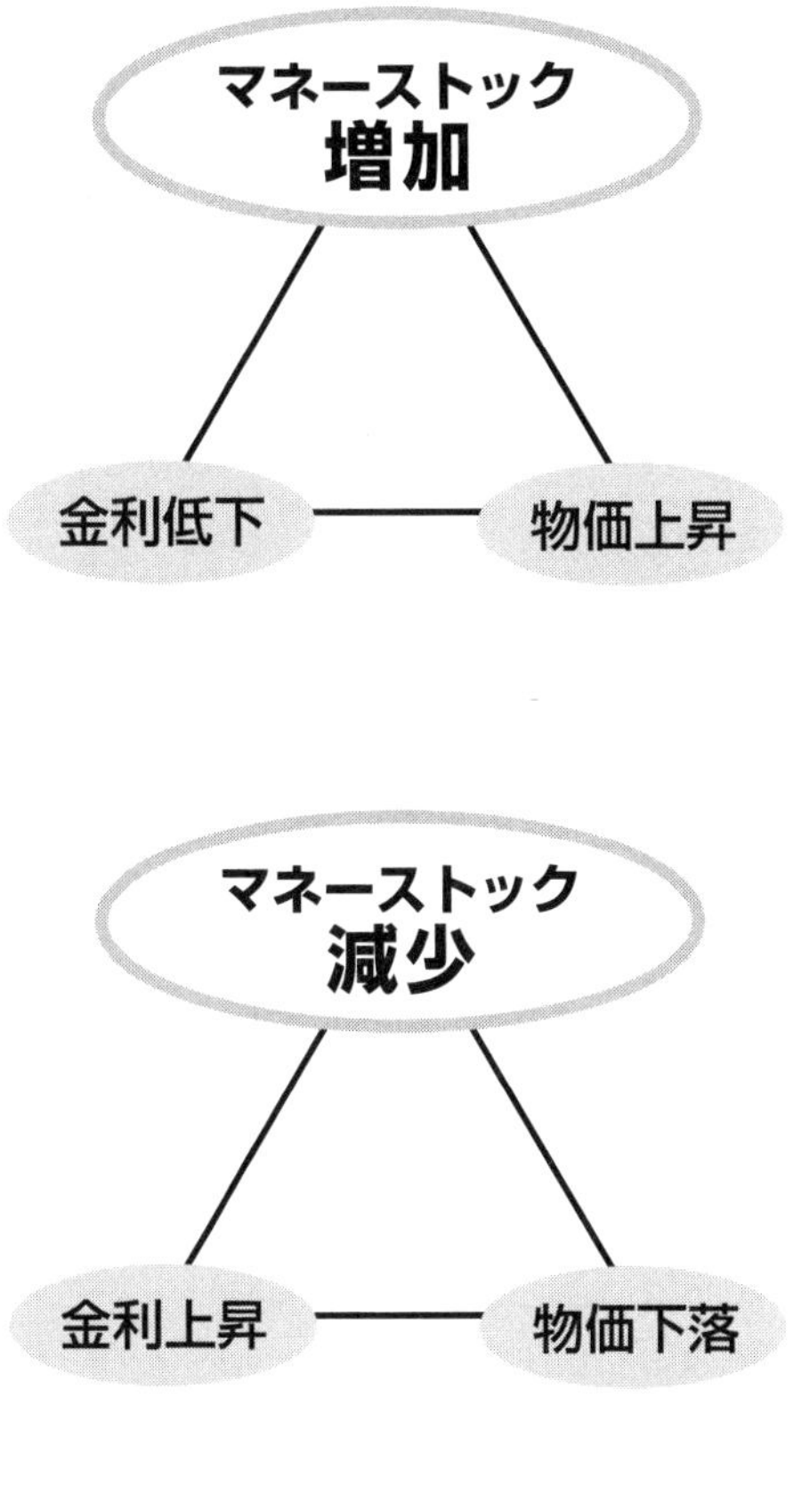

4 債券の発行という借金の形態

正反対の関係にある金利と債券価格

　通常私たちがお金を借りるときは、銀行などの貸し手との間で相対《あいたい》で、借入金利や借入期間、返済方法等について取り決めます。政府や大企業がお金を借りるときには、このような相対での契約だけではなく、**債券**（政府であれば国債、企業であれば社債）を発行することでお金を借りる、ということも行われます。

国債や社債の特徴は、その債券を市場で売買できる、という点にあります。通常お金を誰かに貸したら、一旦貸したお金は当初の取り決めに従って返済を受けることになります。借り手に対してある日突然「今すぐ返せ」と要求することは通常はできません。

ところが債券の形で政府や企業にお金を貸している人は、その返済期限（「満期」といいます）を待たずとも、市場でその債券を売ることによって、貸したお金を回収することができます。もっとも「回収」といっても、当初の借り手である政府や企業がお金を返してくれるわけではありません。市場でその債券の買い手となった人から代金を受け取ることによって、見かけ上「回収」したことと同等の効果が得られる、というわけです。

　さて、**政府や企業が債券を発行するとき、市場におけるその債券の需給バランスによって、**

その金利が決められます。債券の発行主体の信用力（将来確実に返済してくれるという見込み）が高く、世の中にお金が潤沢にあるときは、その債券に対する需要が高いでしょうから、金利は低く決まりがちです。逆に、債券の発行主体の信用力が低い、あるいは世の中にお金が不足気味のときは、その債券を買ってもよい（すなわち発行主体にお金を貸してもよい）という需要は乏しく、したがって金利は高く決まることになるでしょう。

このことは、債券が市場で売買されることとどのような関係があるでしょうか。たとえば国債を例に取ると、通常であれば政府が借金を踏み倒したりする可能性は低いでしょうから、国債の発行主体である政府は非常に高い信用力を持っていると考えられます。そのため、世の中にお金が潤沢であれば、国にお金を貸したい主体はたくさん存在するでしょうから、国債の需要は高く、政府は低い金利で国債を発行することができます。そして債券の市場においても、国債を買い取りたい（すなわちお金の貸し手の地位を手に入れたい）という主体はたくさん存在するでしょうから、国債は高い価格で取引されることになります。

このように、「金利が低い」ということと、「債券価格が高い」ということは表裏一体の関係をなしています。逆に「金利が高い」ということと「債券価格が低い」ということはお互いに同じ意味合いである、ということになります。

5 資金循環とは？

お金の貸し借りが連鎖する多層的な関係

引き続き国債を例にとりながら話を進めます。政府はさまざまな種類の国債を発行して借金をします。国債の一種に**「個人向け国債」**と呼ばれるものがあり、私たちも1万円から国債を購入することができます。「個人向け国債」を購入すれば、すなわち政府が債務者、私たちが債権者となり、政府に直接お金を貸している、ということになります。

ただし国債全体に占める個人向け国債の割合はごくわずかです。**ほとんどの国債は銀行、証券会社、保険会社、年金基金などの、いわばプロの投資家によって保有されています。**

それでも、政府に対してお金を貸す行為が家計と縁遠い、というわけではありません。私たちが銀行に預金をすると、銀行はそのお金をさまざまな方法で運用します。銀行であれば企業や家計への貸付が運用の基本ですが、貸し出しに回さなかったお金を国債購入等の証券投資に充てる、といったことも行われます。私たちが生命保険や損害保険に加入するときも同様です。保険会社はいざというときに私たちに保険金を支払ってくれますが、それまでの間、保険の加入者から集めた保険料を運用します。国債の購入をはじめとする証券投資は、彼らによる保険料の運用の一例です。

部門別の金融資産・負債残高（2021年3月末現在）

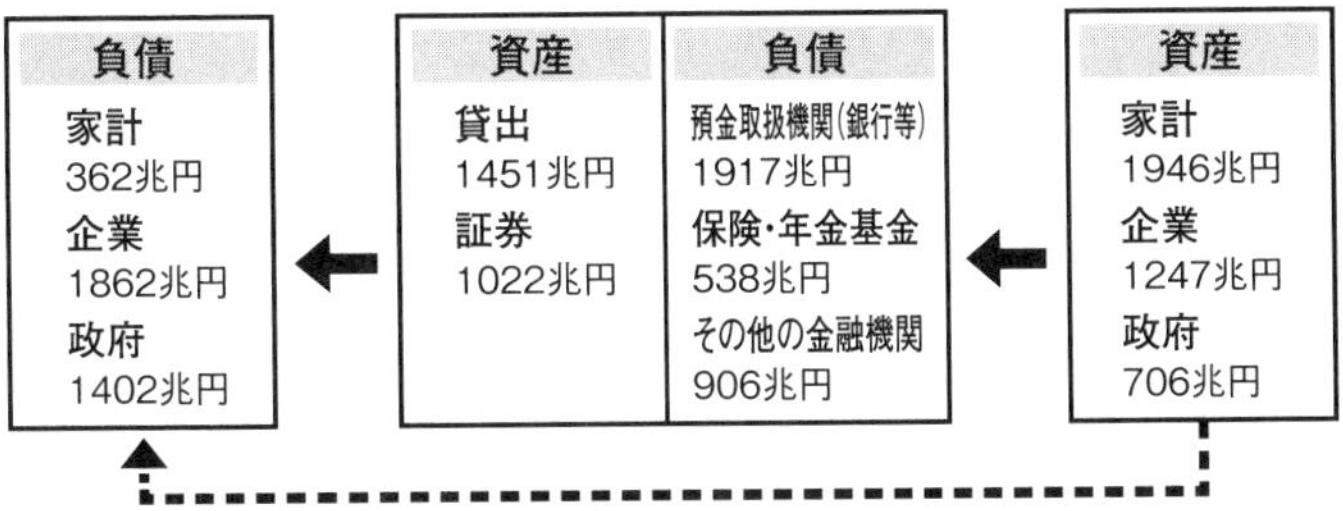

図の右端に家計、企業、政府の資産額が記載されています。そのうち一部は直接的に社債や国債の購入に充てられるものの（図中の点線の矢印）、その多くは金融機関や保険・年金などに預け入れられ、彼らを介して家計・企業・政府に対して融通されています（図の左端）。
なお、資産額合計と負債額合計の帳尻が合っていませんが、これは図中から中央銀行および海外の資産・負債を省略しているためです。

出所：日本銀行

あるいは年金も同じ構造です。私たちは老後に年金を受け取るために、現役世代に年金保険料を支払います。年金基金はこうして集めたお金を国債をはじめとするさまざまな方法で運用して、将来の年金の支払いに備えています。

このように、**私たちの資産である預貯金や保険や年金は、銀行や保険会社や年金基金を介してさまざまな経済主体に投融資されていきます。**このような多層的なお金の貸し借りの関係性が、大局的なお金の流れを形成しています。

このような大局的なお金の流れをとらえる統計が「資金循環統計」です。２０２１年３月末時点で、家計は１９４６兆円、企業は１２４７兆円、政府は７０６兆円の資産を保有しており、それが銀行や保険会社や年金会社等を経由して、再び家計、企業、政府に行き届いているのです。

6 国際収支とは？（1）

海外とのお金のやりとりにはどのようなものがあるのか？

政府の借金である国債の動向は、実は海外とのお金のやりとりとも密接に関係しています。そのメカニズムを順を追って説明していきましょう。

海外とのお金のやりとりを総体的にとらえた統計が**「国際収支統計」**です。たとえば、輸出をすれば海外からその代金を受け取りますし、輸入をすれば海外にその代金を支払うのですから、そこにはお金のやりとりが発生します。モノ（財）の貿易だけではなくサービスの売買も含めて、そのようなお金のやりとりは**「貿易・サービス収支」**として国際収支統計に記載されます。「貿易・サービス収支が黒字（プラス）」であるとは、貿易・サービスのやりとりによるお金の受け取りがお金の支払いよりも多い状況、すなわち貿易・サービスの輸出が貿易・サービスの輸入を上回っている状態を意味します。

次に、日本企業が海外に投資や融資をしていて、そこから利益や利子を得る状況が考えられます。その逆に、外国企業が日本に投融資をしている場合、日本から外国企業に対して利益や利子が支払われることになります。このようなお金のやりとりは**「第一次所得収支」**として国際収支統計に記載されます。さらに、海外で出稼ぎ労働をしている日本人から送金を

日本の経常収支とその内訳

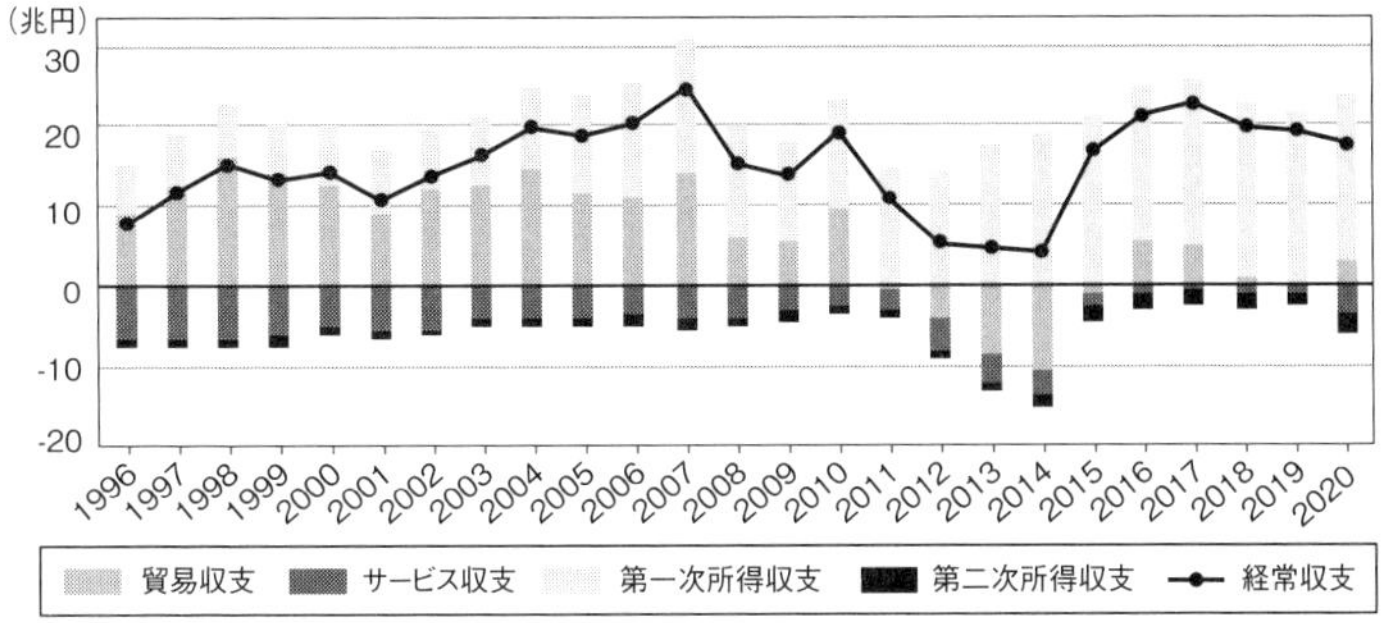

出所:財務省

受けたり、逆に日本で出稼ぎ労働をしている外国人が母国に送金したりすれば、これらのお金のやりとりは**「第二次所得収支」**として記載されます。第一次所得収支および第二次所得収支も、海外からのお金の受け取りが海外へのお金の支払いよりも多ければ黒字（プラス）となります。

以上で説明した「貿易・サービス収支」「第一次所得収支」「第二次所得収支」を合わせて、**「経常収支」**と呼んでいます。かつて日本では貿易収支の黒字が経常収支の黒字を支えてきましたが、最近では経常黒字の大半を「第一次所得収支」の黒字が占めるようになっています。

なお、貿易・サービス収支が赤字であっても経常収支が黒字であるということは、「海外に保有する資産から得られる収益（第一次所得収支）と海外からの送金（第二次所得収支）を使って、国内で生み出されるより多くの貿易・サービスを獲得できる状態」であると解釈できます。

7 国際収支とは？(2)

海外との投融資のやりとりは「金融収支」に記載

海外とのお金のやりとりは、前節に記載したものだけではありません。たとえば日本企業が外国企業に対する投資や融資を実行したり、外国の金融機関にお金を預け入れたりすれば、日本から海外にお金が流出していることになります。このようなお金の動きは**「金融収支」**として国際収支統計に記載されます。先ほど紹介した「第一次所得収支」は過去に投融資をした資産から得られる利益や利息の話でしたが、「金融収支」は投資や融資を実行するときに動くお金の話をしていますので、その違いに注意してください。

日本企業が外国企業から投資を引き上げたり融資の返済を受けたり、あるいは外国の金融機関に預けてある預金を引き出したりすれば、今度は海外から日本にお金が流入してくることになります。また、外国企業が日本企業に投融資をすれば、そのとき海外から日本にお金が流入しますし、外国企業が日本企業への投資を引き上げたり、日本企業から融資の返済を受けたりすれば、今度は日本から海外にお金が流出していることになります。このようなお金の動きが「金融収支」に記載されるのです。なお、**金融収支は経常収支とは逆に、お金の流出が流入より多いときに黒字（プラス）として記載されます。**

国際収支統計における経常収支と金融収支

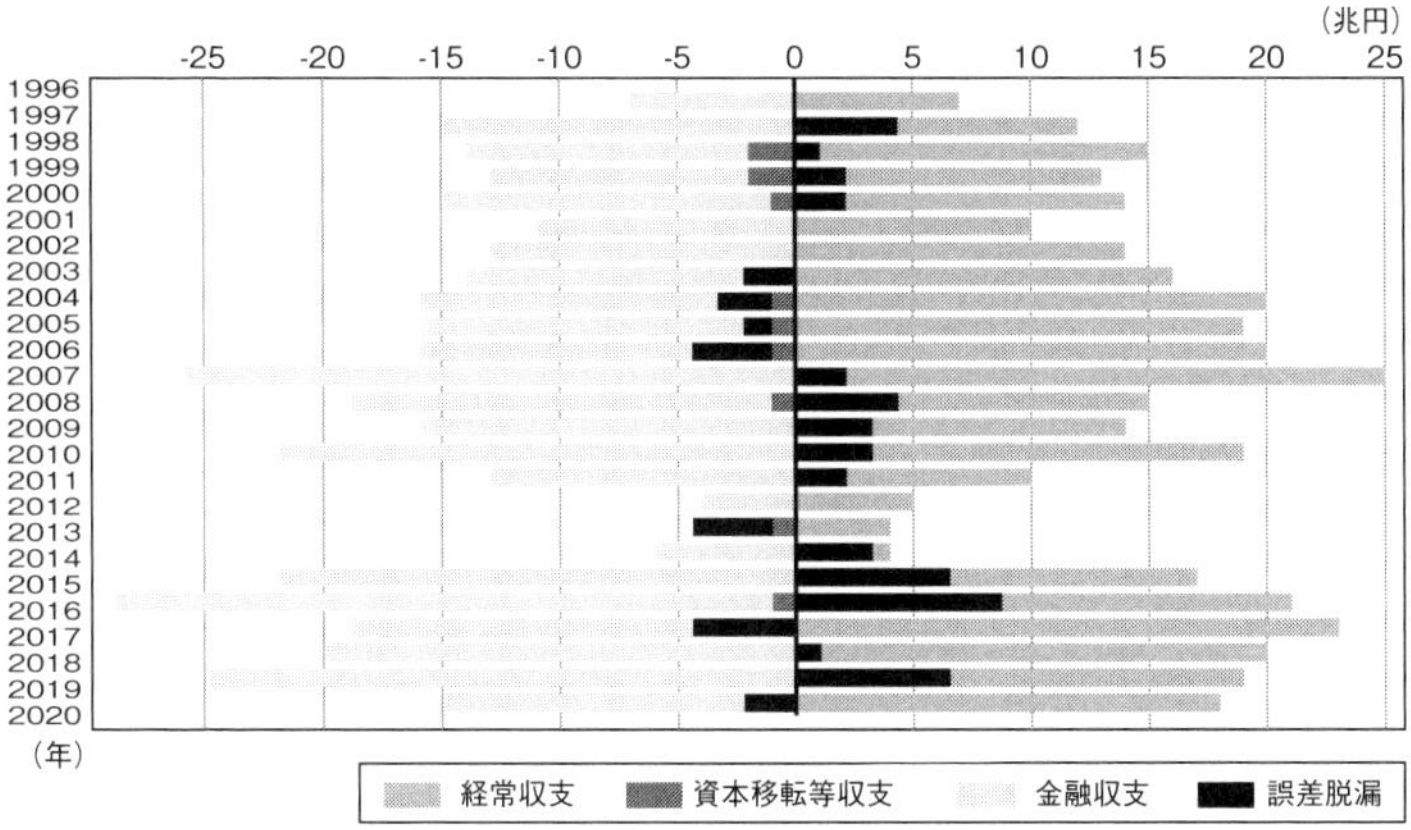

注:金融収支は正負を逆に表示している。　出所:財務省

その他、対価を伴わない固定資産のやりとり等を「資本移転等収支」として国際収支統計に記載することになっていますが、これは少額ですので説明を単純化するために一旦無視します。すると「経常収支」と「金融収支」の間にはとても単純な関係があります。経常収支が黒字であれば、必ずそれと同額だけ金融収支が黒字となります。逆に経常収支が赤字であれば、必ずそれと同額だけ金融収支は赤字となります。

現実には統計のズレ(「誤差脱漏」)も無視できませんが、**原理的には経常収支額イコール金融収支額**という関係性があることを押さえておいてください。

経常収支の黒字額＝金融収支の黒字額
経常収支の赤字額＝金融収支の赤字額

8 国際収支と財政赤字

民間部門・海外部門で余ったお金が国債発行の「原資」

前節で紹介したとおり、「金融収支」が黒字（プラス）であるとは、海外から国内に流入する投融資金額と比べて、国内から海外に対する投融資金額が多いことを意味しています。言い替えれば、国内から海外に対して貯蓄を積み増している状態に他なりません。

さて、国内の経済主体に目を向けてみましょう。28ページで示したとおり、経済主体には家計、企業、政府があるのでした。家計は労働による賃金や投資に対する収益を得て、その一部を消費し、残りを貯蓄の積み増しに回します。企業も同様に、日々の企業活動から利潤を得て、その一部を投資などに回して再び企業活動の元手としますし、使い切れなかった分は貯蓄に回します。もっとも企業の場合は、業容を拡大するために、これまでに得た利潤よりも多くの資金を今後の企業活動に投じることもあるでしょうから、その場合は足りない分を調達することになります。ここでいう「調達」は、過去の貯蓄の取り崩しの場合もあるでしょうし、新たに投融資を受ける、ということもあるでしょう。いずれにしても「マイナスの貯蓄の積み増し」に当たります。

一方、政府はどうでしょうか。政府は歳入額よりも多くの歳出をしようとするので、その不足分である財政赤字を国債の発行によって調達しなければなりません。したがって、国内における貯蓄の積み増し額は、民間部門（家計＋企業）の貯蓄の積み増しから、財政赤字を差し引いた額、ということになります。

ここで、最初の段落で記載したことを思い出してみましょう。国内の貯蓄の積み増しは海外で投融資されるのであって、それはすなわち金融収支の黒字でした。

式：金融収支の黒字額＝民間部門の貯蓄の積み増し－財政赤字額

財政赤字に着目してこの式を書き直してみます。

式：財政赤字額＝民間部門の貯蓄の積み増し－金融収支の黒字額

この式が意味することは、**国内の民間部門から発生した貯蓄の積み増し額のうち、海外への投融資に回した金額を除いた分だけ、財政赤字を賄うことができる、という原理です。**

先ほど、金融収支の黒字額と経常収支の黒字額が一致する、ということを説明しました。

そこで、経常収支の黒字に着目しながらこのページで説明した関係性を整理すると、

式：経常収支の黒字額＝民間部門の貯蓄の積み増し－財政赤字額

ということになります。186ページで述べるとおり、**少子高齢化が進めば民間部門の貯蓄の積み増しは縮小する可能性が高い**ので、141ページの最後に書いたように「第一次・第二次所得収支を使って国内で生み出されるより多くの財・サービスを獲得する」状態（すなわち、経常収支の黒字）を維持するためには、財政赤字の削減に取り組む必要があるのです。

9 日本銀行ってどんなところ?

中央銀行は、金融システムの中核的存在

ここまで、世の中の大局的なお金の流れを見てきました。ところで、世の中のお金の流れを秩序だったものとする役割を果たしているのが、世界中の国（あるいは独立した地域）に存在する「中央銀行」と呼ばれる機関です。たとえば欧州連合（EU）には「欧州中央銀行」（ECB）、中国には「中国人民銀行」があり、またアメリカには「連邦準備銀行」が全米12の主要都市（ボストン、ニューヨークなど）にあります。このように、呼び名や形態はさまざまですが、いずれもその国の金融システムの中核を担っている機関です。そして日本における中央銀行が「日本銀行」（日銀）なのです。

日本銀行は政府、つまり国が直接運営していると思われるかもしれませんが、それは正しくありません。日本銀行は、日本銀行法という法律に基づいて設立された認可法人（政府の認可に基づいた法人）であり、政府からは独立した存在です。日本銀行には政府が55%あまりを出資していますが、それ以外は民間からの出資で成り立っています。私たち個人も、日本銀行の株に当たる出資証券を購入できます（出資証券を保有すると、株券と同様に配当金をもらえるものの、通常の株主のように日本銀行の運営に対して意見を言う権利はありませ

第2の人生を
自由に描ける
時代だからこそ、
自分を
磨き続けよう！

お金、人間関係、仕事
ライフスタイル、能力
才能、副業、マインド
スピリチュアル、健康
語学、投資・・・など

人生100年時代を生き抜く方法とは？

実はいま、あなたのまわりでは、とてつもない変化が起きていることにお気づきでしょうか？ AI等の技術革新、インターネットの発展、猛スピードで進化するテクノロジー、多様化する働き方、さらには健康寿命も延び、「**人生100年**」が当たり前になる中、「65歳で定年を迎え、余生を退職金と年金暮らしで…」などと考えることができなくなってしまったのです。今や〝50歳でも人生の折り返し〟。必然的に「**第2の人生**」を想定しなければ生き抜くことができない世の中に変貌しました。しかも、この第2の人生は全員が同じスタートラインではありません。既に経済格差が生じており、**約80％**の人が将来に対して何かしらの不安や問題を抱えているのが現実です。

情報格差が 貧富の差になる時代

では、上位20％の人とは一体、何が違うのでしょうか？ その答えは、受け取る情報に**明確な〝格差〟**があることです。より具体的に表すならば、「**情報の質**」と「**鮮度**」に違いがあります。世間一般

裏面へ◀

的に「成功者」と呼ばれる方々をはじめとした、「上位20%」の人たちは独自のネットワークを構築しています。そのため、世の中に出回る前の**『一次情報』**と呼ばれる、非常に鮮度が良く、価値ある情報だけを得ているのです。

一方で、多くの人は各種メディアや情報媒体によって希釈された「二次情報」や「三次情報」しか手に入れることができません。そのため、すでに一次情報を受け取り、行動している人たちとは**雲泥の差**ができてしまいます。

学校や職場で学んだことは役に立たない！

人類史上最速で情報が増え続け、情報格差が日々広がっている現代において、あなたが**学校や仕事で学んだ知識や経験は、ほとんど役に立たない**でしょう。たとえば、儲かるビジネスを新しく作っても、その情報は瞬時に広まり、多くの人が同じビジネスを開始し、あっという間に儲からなくなってしまいます。昔だったら数年は儲けることができたものが、いまは数か月単位になっているのです。ということ

ん)。

日本銀行の目的は、日本銀行法によって**「銀行券を発行するとともに、通貨及び金融の調整を行うこと」「金融機関の間で行われる資金決済の円滑の確保を図り、もって信用秩序の維持に資すること」**と定められています。また通貨及び金融の調整を行うに当たっての理念が「物価の安定を図ることを通じて国民経済の健全な発展」であるとうたわれています。

日本銀行は日本の中央銀行

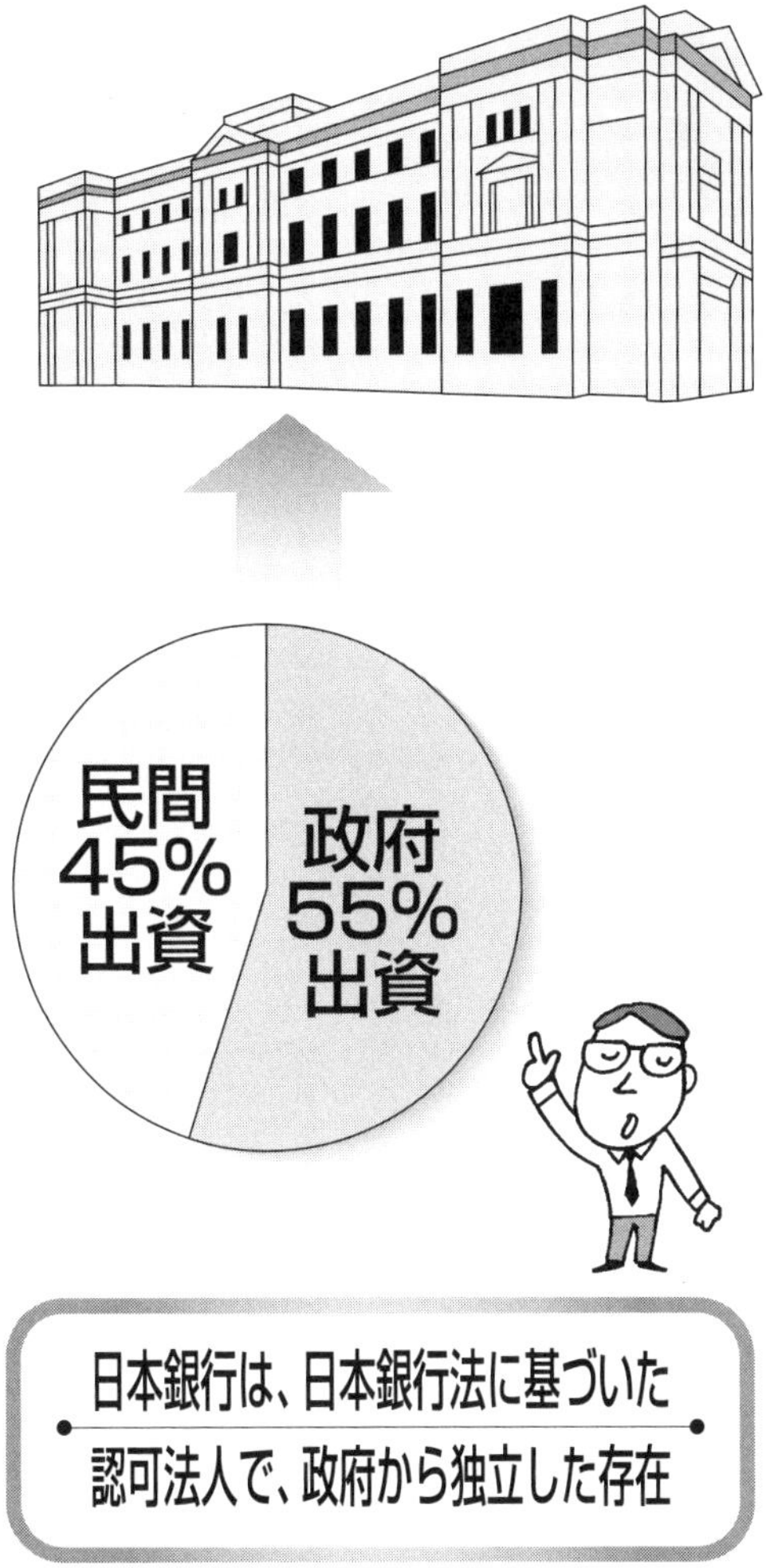
民間
45%
出資
政府
55%
出資
日本銀行は、日本銀行法に基づいた
認可法人で、政府から独立した存在

10 日本銀行の役割とは？

「発券銀行」「銀行の銀行」「政府の銀行」が三大業務

日本銀行の第一の役割は、銀行券すなわち紙幣の発行です。現在、日銀は国内唯一の**「発券銀行」**として、紙幣の安定的な供給と信頼性の確保に携わっています。また、紙幣をはじめとするお金の総量を調整し、物価の安定を図る業務が「金融政策」です。これについては後ほど詳しく述べましょう。第二の役割は一般の銀行（市中銀行といいます）同士の取引に関するものです。現代社会では、取引のたびに現金を持ち歩くわけではありません。むしろ、銀行間の処理（振り込み、振替など）によってお金が流れるというのが一般的です（このような銀行間の処理を「決済」と言います）。

さて、誰かがA銀行からB銀行にお金を振り込んだのに、B銀行にそのお金がきちんと届かなかったとしたら、今度はB銀行から支払われるはずの決済が滞ってしまいます。ある決済がうまくいかなくなると、決済が行われる仕組み（決済システム）そのものを崩してしまい、経済全体に重大な悪影響を引き起こしてしまいかねないのです。

このため、経済の血液である「通貨」の流れが円滑に保たれるように、いわば経済の血管である「決済システム」を守ることも日銀の重要な役割となっています。日銀は**「銀行の銀**

日本銀行の三大業務

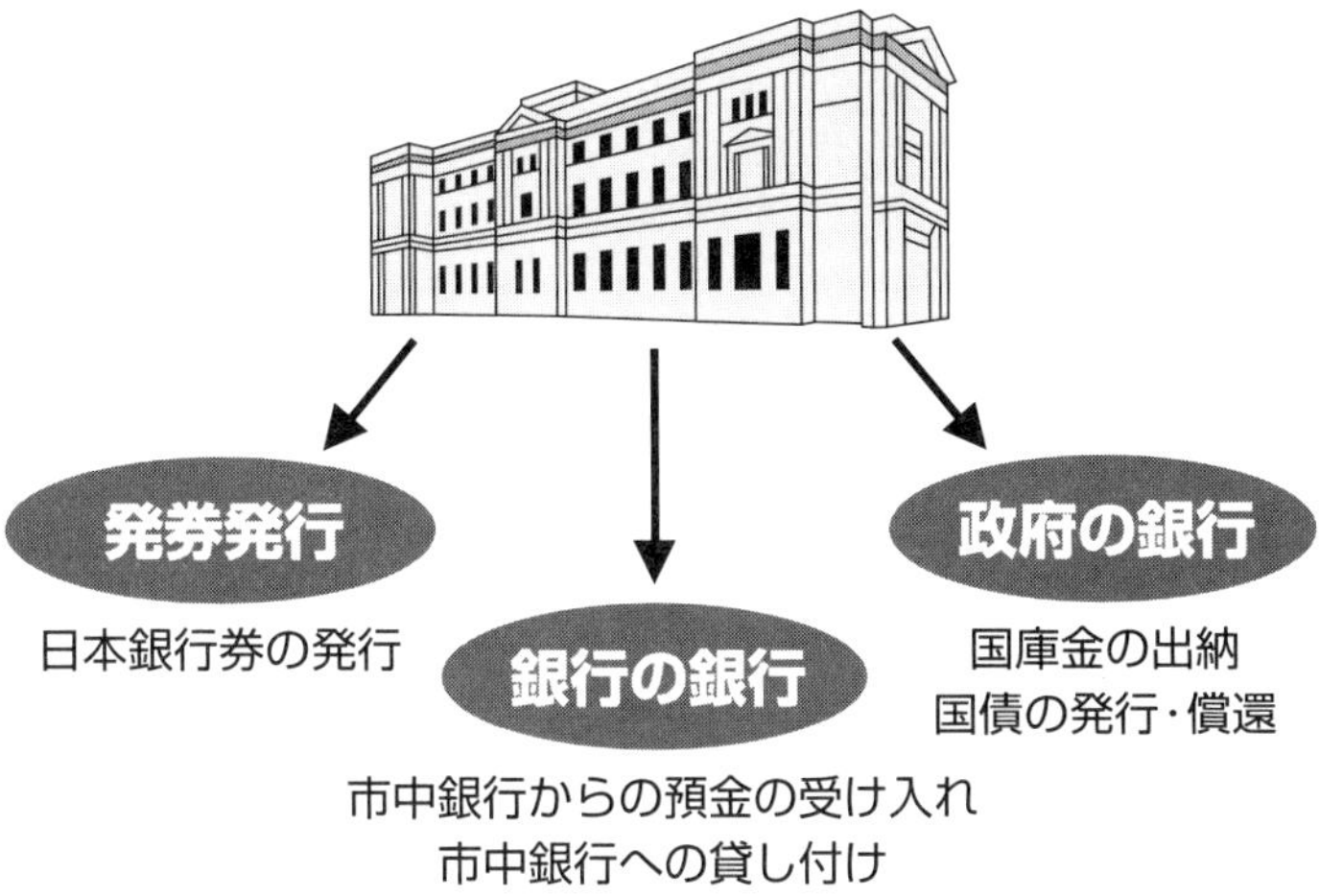

行」として一時的に資金不足に陥った銀行にお金を貸すなどして、決済システムのトラブルを回避します（これを**「最後の貸し手」**機能と言います）。

さらに、一般の銀行はみな日銀に預金口座を持っていますので、その口座間の振替によって他行との決済を行うことができるほか、日銀が提供している「日銀ネット」というシステムを通じた決済も可能です。

第三の役割は、政府の預金口座の管理や国債に関する業務を担うことです。174ページから述べるように政府の予算はきわめて巨額であり、お金の出し入れも頻繁です。そこで日銀が**「政府の銀行」**としてお金の出し入れ（出納）の業務を担って、決済システムに支障を来さないように図っています。

11 金融政策とコールレート

金融機関同士の資金過不足の調整に日銀が介入する

135ページで述べたとおり、金利を人為的に誘導することによって、マネーストックや物価に影響を与える、ということが金融政策を実施する基本的な発想です。改めて整理すると、金利を低下させれば、家計や企業がよりお金を借りやすくなりマネーストックの増加が図れます。このとき、企業や家計や調達したお金を消費や投資に回すのですから、財・サービスの需要が高まって物価の押し上げに寄与します。

従来日本銀行が金融政策によって誘導する対象であったのは、**「無担保コール翌日物」**と呼ばれる金利（コールレート）です。これは銀行間で短期的な資金の過不足を融通しあう市場である「短期金融市場」（コール市場）で形成される金利の一種です。この金利が低くなれば銀行は「短期金融市場」から資金を調達しやすくなり、それを企業などへの融資に充てようとします。このため、マネーストックを増加させ、ひいては世の中の金利水準を引き下げる効果があると考えられます。

一方、この金利が上がると、銀行が余った資金を「短期金融市場」で運用しようとする傾向が強まるので、企業などへの貸し出しは抑制され、マネーストックを減少させ、ひいては世の中の金利水準を押し上げる効果があるのです。

コール市場における金利は、金融機関同士の資金の需給バランスによって決まります。相対的に資金の需要が供給よりも強まれば、コールレートに上昇圧力がかかります。逆に相対的に資金の供給が需要よりも強まれば、コールレートに下落圧力がかかります。日銀は資金の需要と供給のバランスを平準化するようにコール市場に介入し、これによってコールレートを誘導目標水準に保とうとするのです。

短期金融市場における金利の誘導

金利に上昇圧力がかかるとき

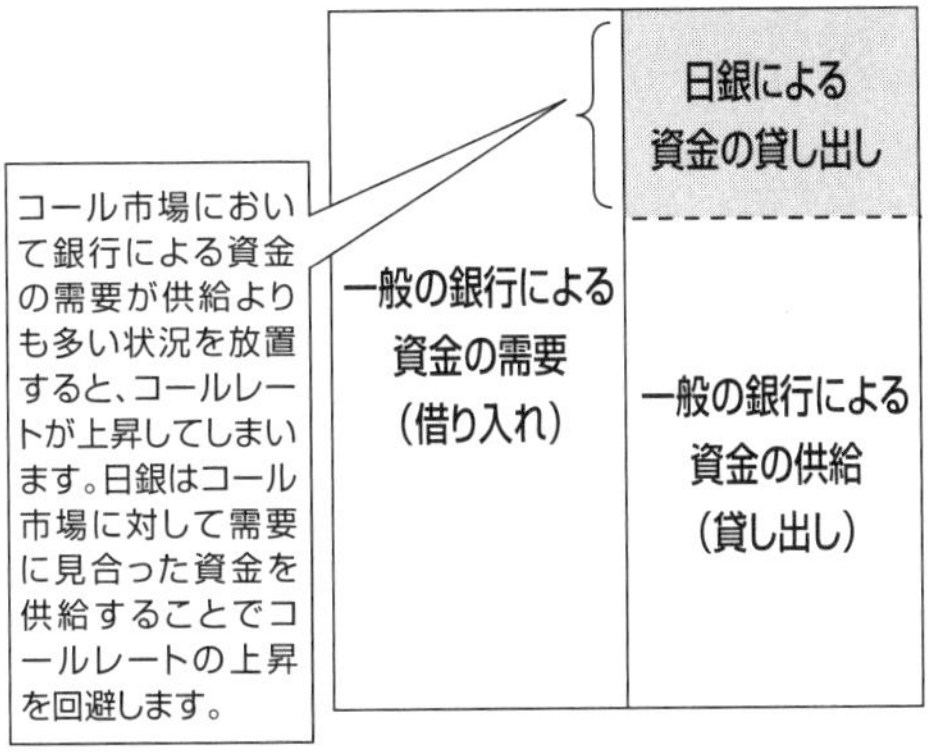
日銀による
資金の貸し出し
一般の銀行による
資金の需要
（借り入れ）
一般の銀行による
資金の供給
（貸し出し）
コール市場において銀行による資金の需要が供給よりも多い状況を放置すると、コールレートが上昇してしまいます。日銀はコール市場に対して需要に見合った資金を供給することでコールレートの上昇を回避します。

金利に下落圧力がかかるとき

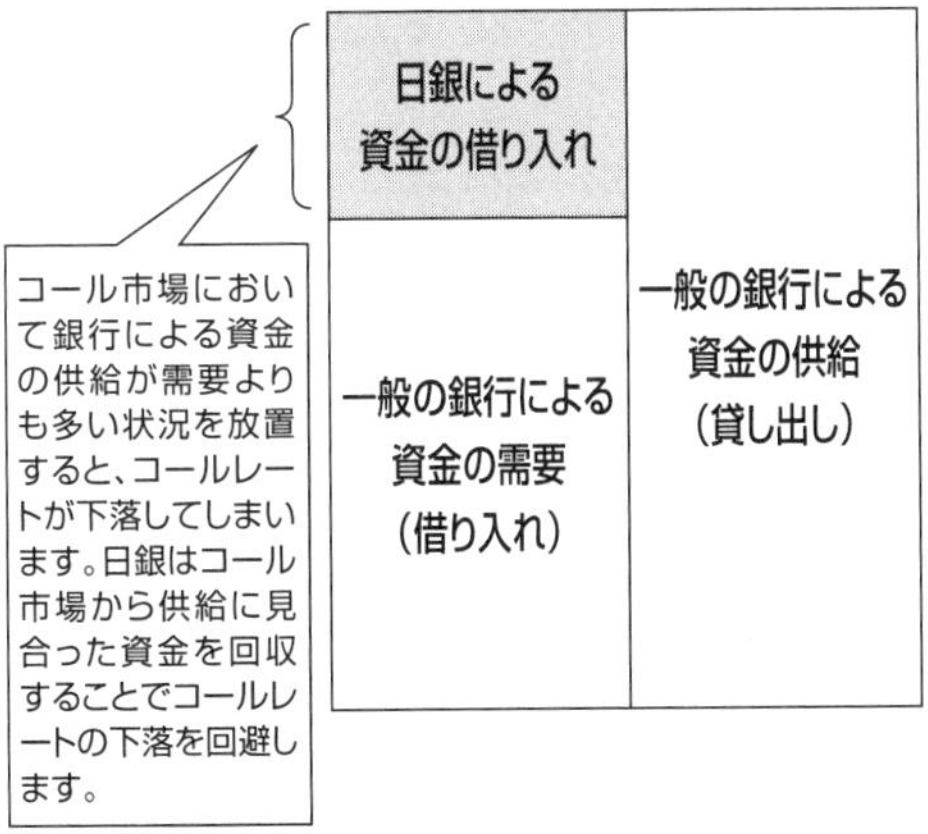
日銀による
資金の借り入れ
一般の銀行による
資金の需要
（借り入れ）
一般の銀行による
資金の供給
（貸し出し）
コール市場において銀行による資金の供給が需要よりも多い状況を放置すると、コールレートが下落してしまいます。日銀はコール市場から供給に見合った資金を回収することでコールレートの下落を回避します。

12 コールレートを調節する具体的な手段とは？

日常的に使われる「公開市場操作」

日本銀行が金利を操作するために用いる主な手段として、**「公開市場操作」**（オペレーション）が挙げられます。これは、日銀が市中銀行との間でさまざまな取引を行うことを通じ、市中銀行が日銀の口座に預け入れている預金（日銀当座預金）の量をコントロールすることです。

取引の一例として、短期国債（国債のうち、償還期限が1年未満のもの）などの売買があります。日銀当座預金を増やしたいときには銀行が持っている短期国債を買い取って、その代金を各銀行の日銀当座預金口座に支払います。これを**「買いオペ」**と言います。

逆に日銀当座預金を減らしたいときには、短期国債を金融機関に売却して、その代金を各銀行の日銀当座預金口座から引き落とします。これを**「売りオペ」**と呼びます。

各銀行の日銀当座預金口座の残高の増減は、銀行にとっての余裕資金の増減にほかなりません。そこで、コールレートが上昇しそうな局面においては、日銀が「買いオペ」によって銀行の当座預金口座に資金を供給します。資金に余裕ができた銀行は、コール市場においてお金を運用したいと考えるようになります。

公開市場操作

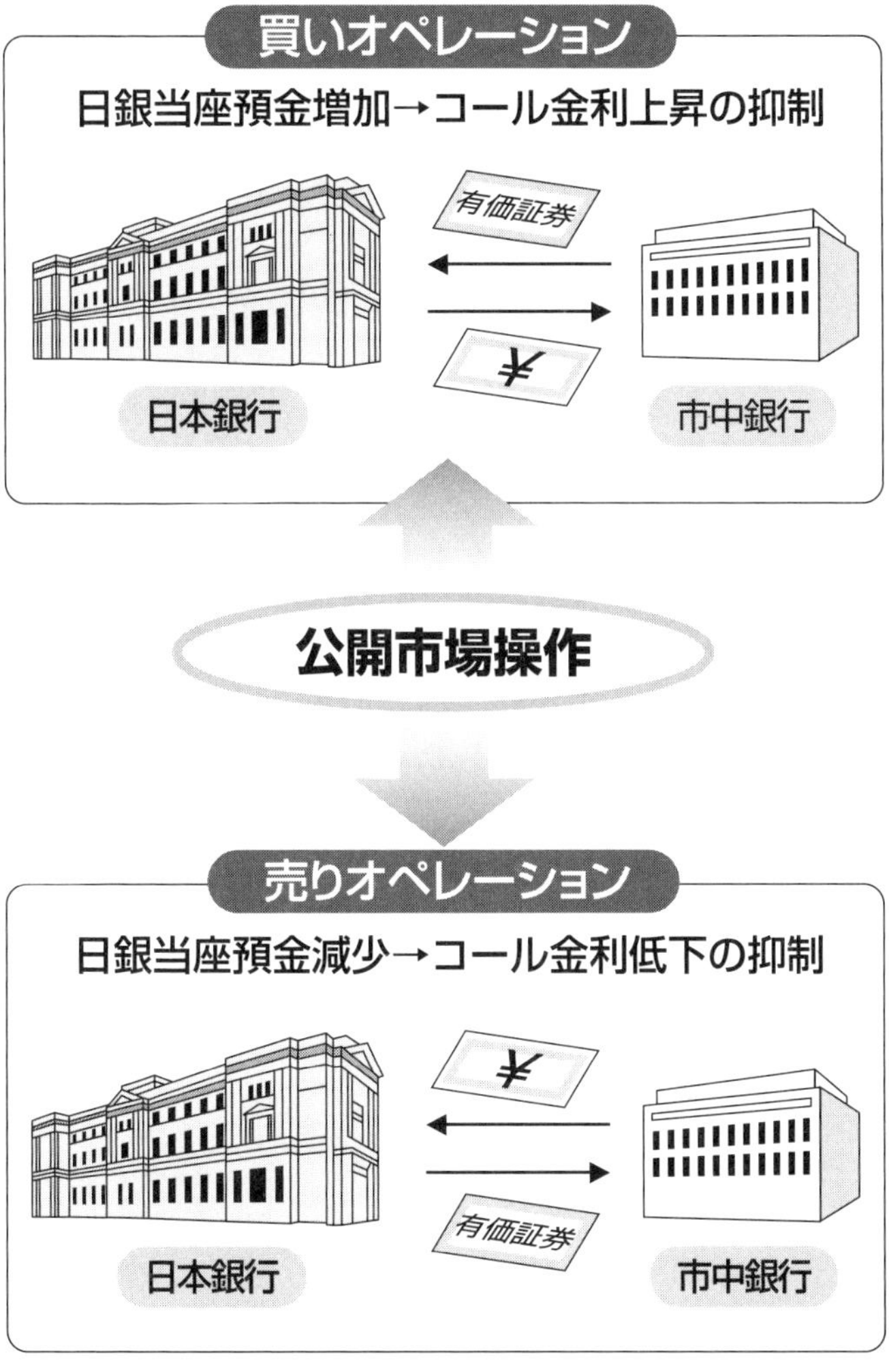

買いオペレーション
日銀当座預金増加→コール金利上昇の抑制
有価証券
¥
日本銀行
市中銀行
公開市場操作
売りオペレーション
日銀当座預金減少→コール金利低下の抑制
¥
有価証券
日本銀行
市中銀行

これはコール市場において資金供給が増えることを意味しますから、結果的にコールレートの上昇を回避できる、というわけです。

逆にコールレートが下落しそうなときは、日銀が「売りオペ」によって銀行の当座預金口座から資金を引き上げます。すると銀行は余裕資金が減りますから、コール市場からより多くのお金を調達したいと思うようになります。先ほどと逆のプロセスでコールレートの下落を回避できることになります。

なお、これまでに示したような、公開市場操作を通じた金利の操作という手段を用いない金融政策のことを「非伝統的金融政策」と呼びます。この言葉は「アベノミクス」の金融政策を説明する上で再び取り上げることになります。

第6章

日本経済の動きをとらえよう！

～アベノミクス時代の日本経済～

1 アベノミクスとは何だったのか？

「デフレ脱却」と「富の拡大」を目指す3本の矢

２０１２年12月に安倍政権が発足して以来、政府が繰り広げる経済政策は**「アベノミクス」**と呼ばれるようになりました。

その中身は三つの柱、すなわち**「大胆な金融政策」「機動的な財政政策」「民間投資を喚起する成長戦略」**から構成されています。安倍政権はこれらを合わせて**「3本の矢」**と呼んでおり、「デフレからの脱却」と「富の拡大」を実現する経済政策がアベノミクスの「３本の矢」である、と位置づけています。

「デフレからの脱却」については既に１１２ページで述べました。また、「富の拡大」とはＧＤＰの成長を意味するとのことで、当初安倍政権は10年間で平均年率３％の経済成長を目指すとしていました。このあと実際にＧＤＰや物価がどのような経過を辿ってきたかを振り返りましょう。

ところで、これらの「３本の矢」を見ながら87ページの記載を思い出してください。マクロ経済政策には金融政策と財政政策があることを述べました。また、規制などのミクロ経済政策が政府の役割の一つであるとする考え方も紹介しました。「民間投資を喚起する成長戦略」は規制緩和を含んでいますので、これも広い意味でのミクロ経済政策ととらえるとするならば、この「3本の矢」は政府や日銀が果たすべき役割を教科書通りに整理したに過ぎません。アベノミクスを理解するには、「3本の矢」というキャッチフレーズが大切だったのではなく、それぞれの中身を見ることが大事だったのです。

アベノミクスの3本の矢

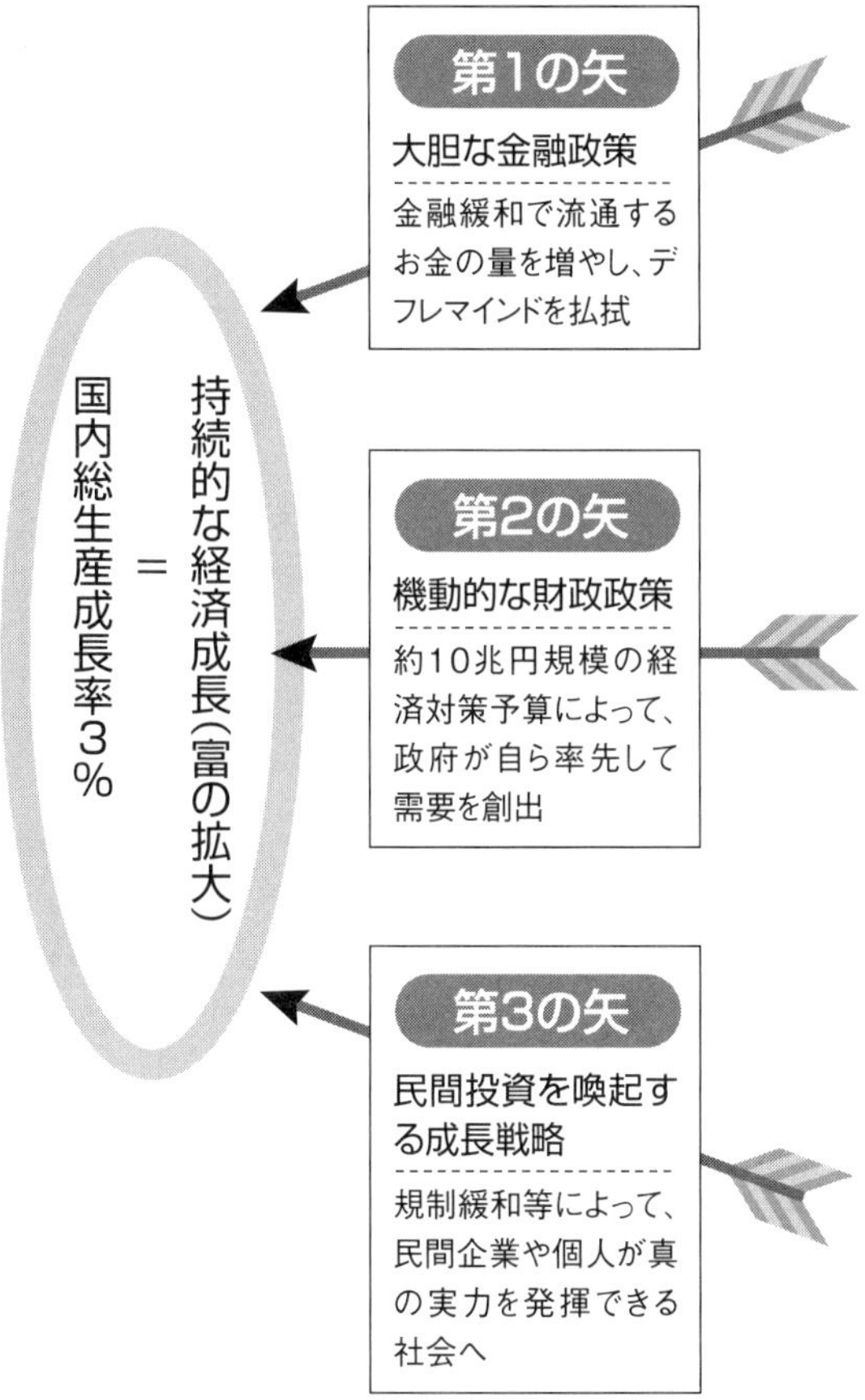

第1の矢
大胆な金融政策
金融緩和で流通するお金の量を増やし、デフレマインドを払拭
第2の矢
機動的な財政政策
約10兆円規模の経済対策予算によって、政府が自ら率先して需要を創出
第3の矢
民間投資を喚起する成長戦略
規制緩和等によって、民間企業や個人が真の実力を発揮できる社会へ
持続的な経済成長(富の拡大)
=
国内総生産成長率3%

出所:首相官邸ウェブサイト

2 「デフレ脱却」とインフレ目標

「異次元」の金融緩和に至る道筋＝「目途」から「目標」へ

前のページでは「3本の矢」という整理の仕方自体が目新しいわけではないことを述べました。

しかしこのうち「大胆な金融緩和」として、日銀は文字通り従来とは大きく異なる金融政策を採用しています。そのため、現在の金融緩和は**「異次元緩和」**と呼ばれることもあります。それでは一体どのような意味で「異次元」なのでしょうか。その前提となったのが、物価の目標を明確にしたこと、いわゆる**「インフレーション・ターゲティング」（インフレ・ターゲット）**の採用です。

インフレ・ターゲット政策とは、**中央銀行または政府が目標とするインフレ率の水準を宣言し、これを目標として金融政策を繰り広げることを中央銀行が自らに課し、目標実現に向けた現状認識や見通しをさまざまな経済主体に説明する、という金融政策の枠組みです。**日銀は2012年2月14日に「中長期的な物価安定の目途」を導入し、その水準を「2％以下のプラスの領域にある」とした上で、金融政策運営において目指す物価上昇率を「当面は1％を目途とする」表現していました。その後2013年1月22日には「物価安定の目標」

主な国・経済圏の物価目標

主な先進国

日本	2%
アメリカ	2%
ユーロ圏	2%
イギリス	2%
スイス	2%未満
カナダ	2%±1%
オーストラリア	2～3%
ニュージーランド	2%±1%
韓国	2%

主な新興国

中国	3%前後
インド	4%±2%
インドネシア	3%±1%
フィリピン	3%±1%
タイ	1%～3%
ベトナム	4%未満
トルコ	5%±2%
ロシア	4%
ブラジル	3.75%±1.5%

出所:各国中央銀行

に改めることで、インフレ・ターゲット政策の導入をより明確に打ち出しました。またその際に「物価安定の目標」を「消費者物価の前年比上昇率で2％」と設定し、「物価安定の目途」における物価上昇率の水準を事実上引き上げました。

もともとインフレ・ターゲットは、物価が上昇しやすい国において、中央銀行がインフレの抑制を図るような金融政策を繰り広げることを約束するものであると考えられていました。しかし現在では、さまざまな国がインフレ・ターゲット政策を採用しています。それらの国のうち、多くの先進国は「2％」を目標水準として掲げています。なおアメリカで中央銀行が物価の安定と雇用の極大化の両立を政策の目標としている関係上、厳密なインフレ・ターゲット政策を導入しているとは言えませんが、目指すべき物価上昇率を明確に掲げていることはその他の主要国と変わりはありません。

3 アベノミクス以降のGDPと物価の経過

「成長率3%」「物価2%」の達成前に訪れたコロナ禍

ここでは、アベノミクスが始まった2013年以降にフォーカスして、その後のGDPの成長率とインフレの状況を振り返ってみましょう。

2013年から2020年までの8年間のうち、最も成長率が高かったのは、2015年の+3・7%でした。しかしそれ以外の年は一度も「3%」の成長率目標を達成するに至りませんでした。**この8年間の平均の成長率は0・9%、コロナ禍を除く2013年～2020年の7年間の平均の成長率も1・6%にとどまりました。**

ちなみに、複数年の平均成長率はどのように計算すべきでしょうか？ 左のグラフで指し示したような毎年の成長率を単純に平均（相加平均）するのは誤りです。正しくは相乗平均を示さなければなりません。たとえば2013年から2020年までの8年間の平均成長率を計算するならば、まず2020年のGDPの金額（538兆6974億円）を2012年のGDPの金額（500兆4747億円）で割り、その比である1・076を得ます。これは8年間でGDPが7・6%増加したことを意味します。この1・076の8乗根を取れば、1・009（すなわち1年あたり0・9%）を得ます。

GDP成長率とインフレ率の推移

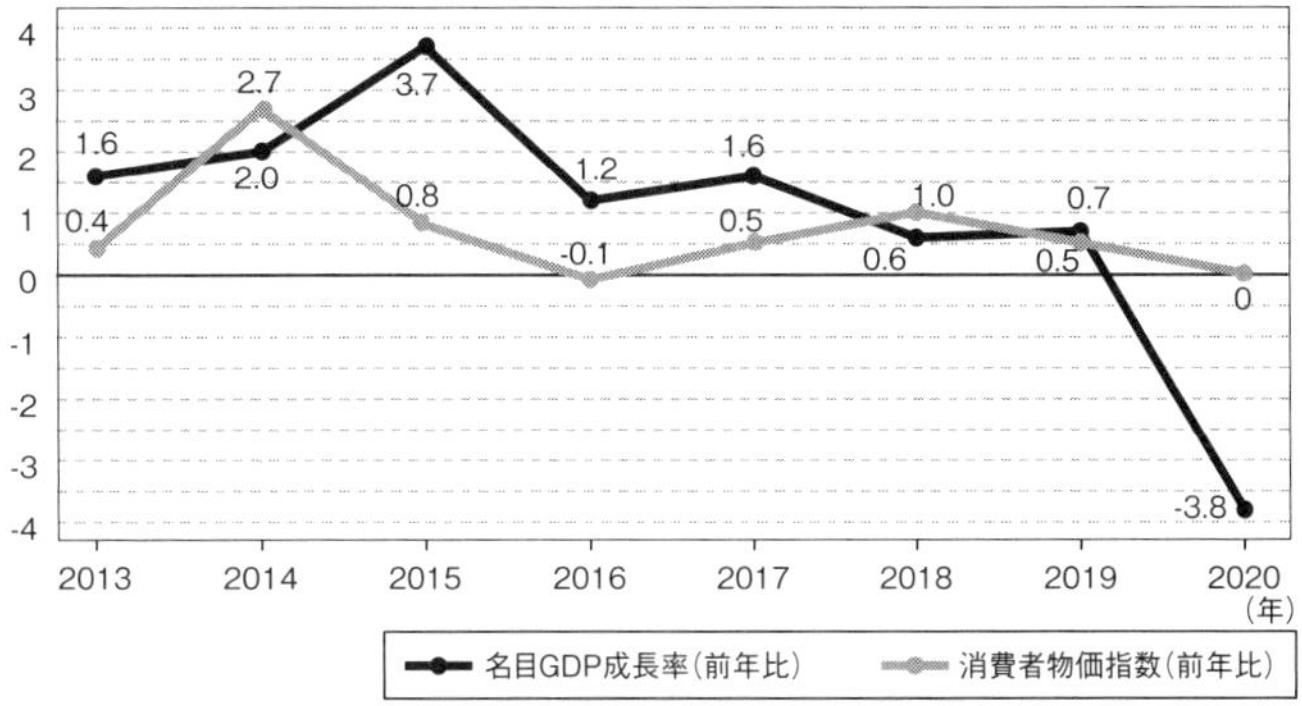

注:消費者物価指数は生鮮食品を除く総合。　出所:内閣府、総務省

一方、物価はどうでしょうか。日銀は現在、目標とする消費者物価の基準を「生鮮食品を除く総合指数」であるとしています。天候や作柄に左右される生鮮食品の価格は、マクロ経済の状況とは無関係に変動する可能性が高いので、それを除いて物価の動きをとらえよう、というわけです。

2013年以降のデータを確認すると、2014年だけ2・7%という高いインフレ率を示しています。もっともそこには、2014年4月に消費税率が引き上げられた影響が含まれています。それ以外の年では一貫して1%以下の水準で推移しました。また**2013年から2020年までの8年間の平均のインフレ率は、消費税率の引き上げを含んでも0・7%にとどまりました。**ここでも複数年平均のインフレ率は、先ほど紹介した複数年のGDP成長率の計算と同様に求めます。

4 直近のGDPを調べてみよう

ただし、物価と季節変動の変化に注意

先ほどはアベノミクス以降の経済成長率を簡単に紹介しました。ここではもう少し詳しく、経済成長率すなわち経済活動の水準を示すGDPの変動率を見ていくことにします。内閣府の「国民経済計算」のウェブサイトに四半期ごとのGDPが公表されています。

これによると、2021年第2四半期（4〜6月）のGDP（2次速報値）は134・7兆円であり、第1四半期（1〜3月）のGDPは135・5兆円。この間、0・6％の減少となりました。

ここで0・6％の減少と書きましたが、実はこの変化率を解釈する上では二つの意味で注意が必要です。

そのうち一つが、数値の変化に与えた**物価の影響**です。たとえば前期のGDPが100兆円、今期のGDPが90兆円であったとしましょう。この間経済活動の規模が10％縮小した、と決めつけるのは早計です。もし同じ期間に物価が10％下落していたら、前期の100兆円と今期の90兆円では、表している財・サービスの量は同じ、ということになってしまいます。このとき、実質的には経済活動の規模は変化していない、と考えるのが妥当です。

そこで国民経済計算は、物価の変動の影響を除去した**「実質ＧＤＰ」**を公表しています。一方、物価の変動の影響を含んだままの数値は**「名目ＧＤＰ」**として公表されており、先に示した数字は「名目ＧＤＰ」だったのです。

改めて２０２１年の第１四半期および第２四半期の実質ＧＤＰを見ると、それぞれ１３５・５兆円と１３１・６兆円でした。このようにして、この四半期で実質的にＧＤＰが２・８％減った、ということが言えるのです。

もう一つ注意しなければならないのは**「季節変動」**です。ＧＤＰに限らず、月次や四半期の経済指標は季節ごとに特有な動きに左右されます。

たとえばＧＤＰですと、毎年第４四半期（10月～12月）の数値が1年で最も大きいことが一般的です。これは年末の経済活動が活発になりがちであることを反映しています。その他の四半期においても、経済活動は季節性による変動を受けます。こうしたことから、第１四半期と第2四半期とを直接比較してその増減を検討しても、そこには季節変動が含まれているため、あまり意味のある比較にはならない、ということが言えます。

この問題を解決する方法の一つが、**「季節調整系列」**を閲覧することです。これは、統計学的な手法を使って季節的な変動を除去した数値のことです。

GDPを調べるときに知っておきたい比較の視点

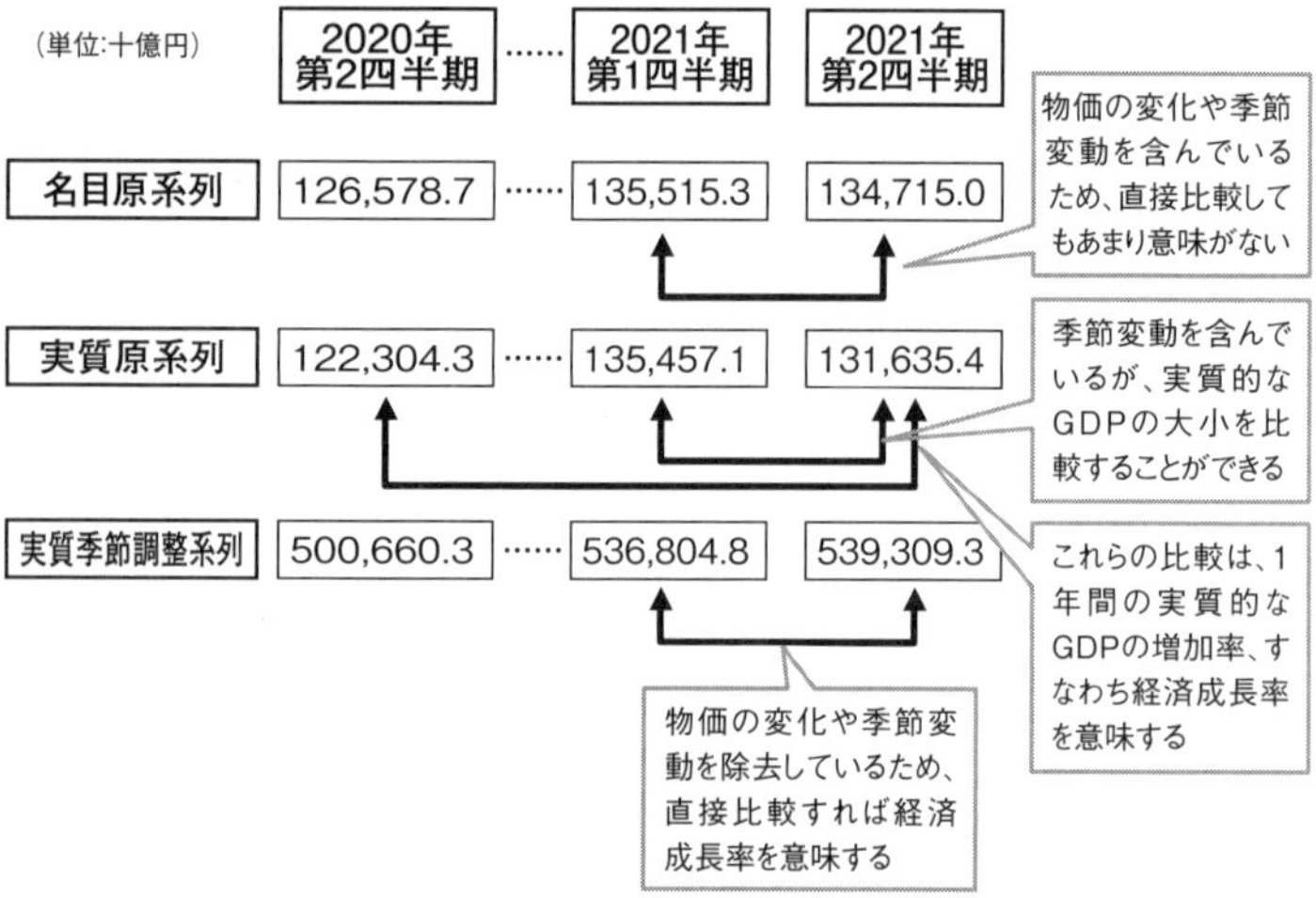
（単位:十億円）
2020年第2四半期
2021年第1四半期
2021年第2四半期
名目原系列
126,578.7
135,515.3
134,715.0
実質原系列
122,304.3
135,457.1
131,635.4
実質季節調整系列
500,660.3
536,804.8
539,309.3
物価の変化や季節変動を含んでいるため、直接比較してもあまり意味がない
季節変動を含んでいるが、実質的なGDPの大小を比較することができる
これらの比較は、1年間の実質的なGDPの増加率、すなわち経済成長率を意味する
物価の変化や季節変動を除去しているため、直接比較すれば経済成長率を意味する

注:2021年7-9月期2次速報値　出所:内閣府「国民経済計算」

一方、そうした処理を行っていない数値のことは**「原系列」**と呼ばれます。

2021年の第1四半期、第2四半期の実質GDPの季節調整系列はそれぞれ536・8兆円と539・3兆円でした（なお、GDPの季節調整系列では年換算された値が公表されますので、原系列の4倍くらいの数字となっています）。これらは季節変動を除いた数値ですので、直接比較して差し支えありません。2021年第2四半期は第1四半期と比べて0・5％のプラス成長だった、と結論づけられます。原系列では比較するとマイナス成長に見えていましたが、季節変動による影響を

3つの計測方法を比較した場合のGDPの推移

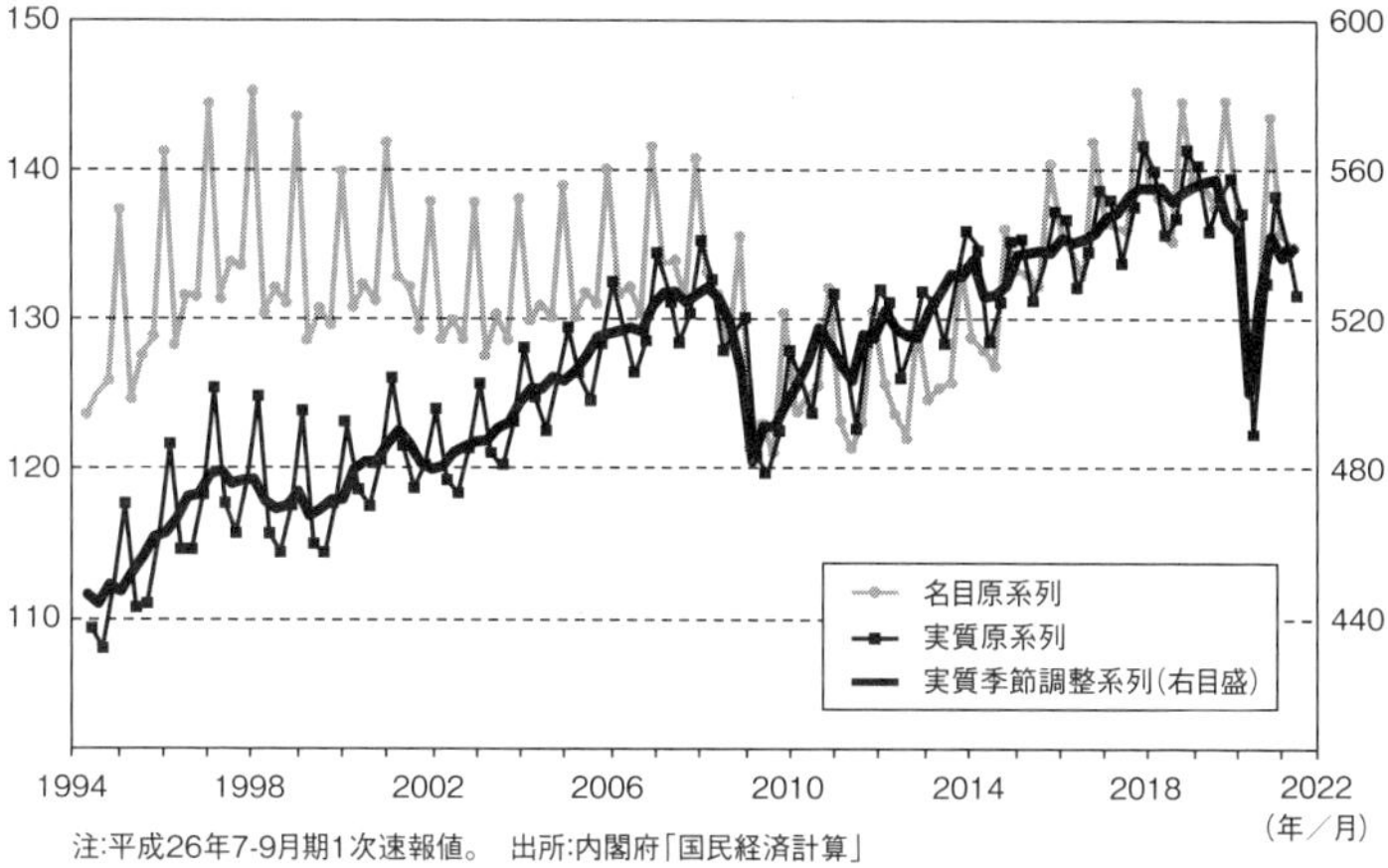

注:平成26年7-9月期1次速報値。　出所:内閣府「国民経済計算」

名目・実質とも、原系列は毎年第4四半期が高い「のこぎり型」を示しています。また、実質季節調整系列は実質原系列を均したような動きを示しています。なお、長らく物価の下落が継続していたため、名目GDPが横ばいで推移した期間であっても、実質GDPは上昇傾向を示しています。

除去すると、実はプラス成長だったのです。

季節変動の問題に対処するもう一つの方法として、前の年の同じ期ないし同じ月と比較することが考えられます。ふたたび原系列の実質ＧＤＰを見てみると、２０２１年の第２四半期は１３１・６兆円でした。同じ第２四半期であれば季節的な要因は共通ですから、この数字は２０２０年第２四半期の数字である１２２・３兆円と直接比べることができます。すなわち、２０２１年第２四半期は１年前の同じ期と比べて、７・６％のプラス成長を記録した、ということができます。

5 GDPの「支出面」の分析

需要の源泉ごとに経済の状況を確認することが有用

40ページではGDPの「三面等価」という考え方を紹介しました。このうち、経済の状況を把握するためには、支出面のGDPを構成する各項目に注目することが有用であると考えられています。付加価値が生み出される源泉は、誰かに需要されることでした。そして支出面から見たGDPとは、誰によってその付加価値が使われているか、すなわち誰に需要されているかをとらえていることにほかなりません。

具体的には、**家計による消費、家計や企業による投資、政府や地方自治体による消費や投資（政府支出）、そして海外の消費や投資に回される額、これらの合計として支出面のGDPはとらえられます。**このうち、家計による投資とは、典型的には住宅投資（住宅の新築）を指しています。政府による消費とは176ページで解説する社会保障や教育、防衛などにかかわる支出です。また政府の投資といえばインフラ整備などの公共事業を指します。

一方、「海外の消費や投資に回される額」は財・サービスの輸出入の差額（財・サービス収支）として表されます。輸出とは、国内で生み出された付加価値が海外で支出されていることを意味しますので、GDPにとってプラスの要因となります。一方輸入とは、国内で

2019年度の名目GDP＝559兆6988億円の「三面等価」

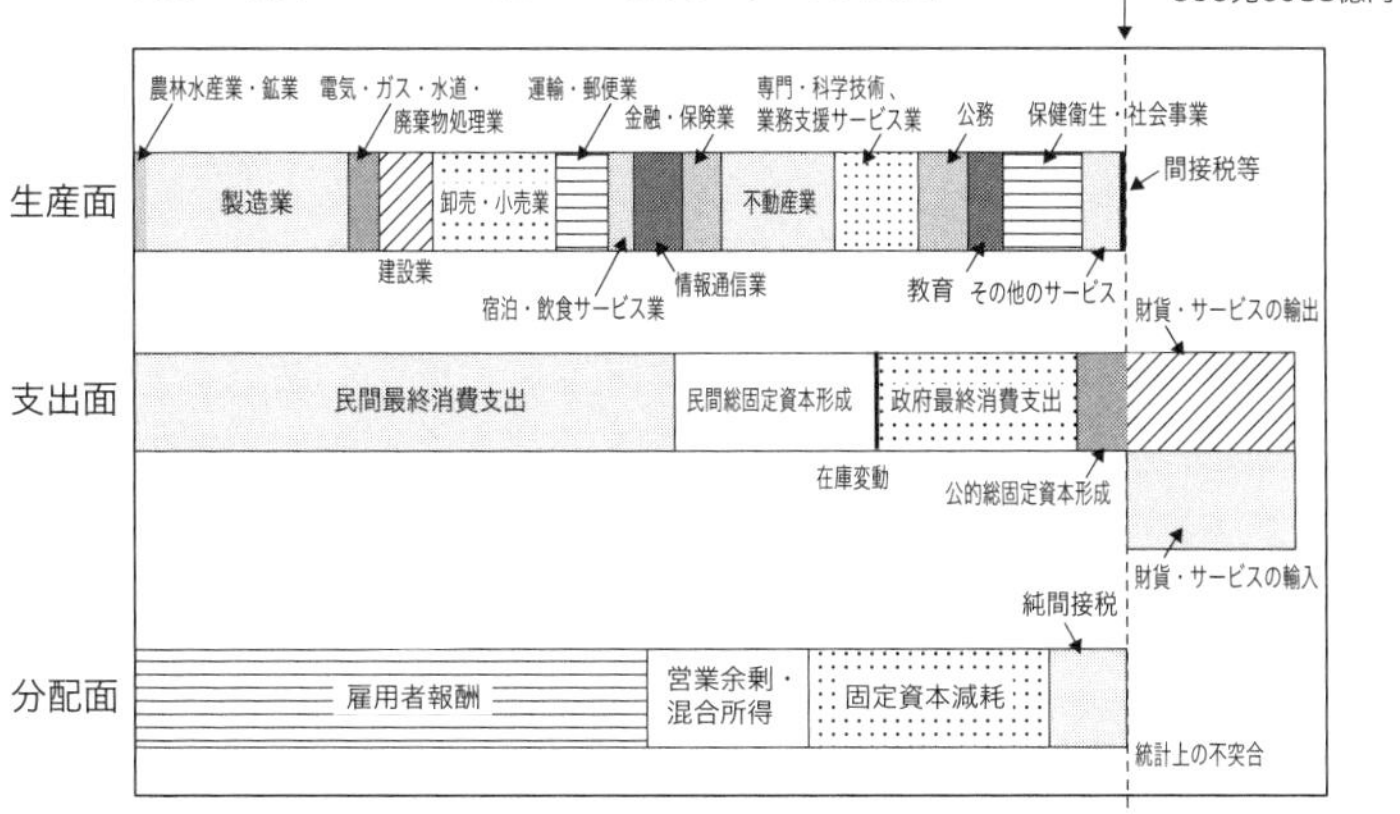

出所:内閣府「国民経済計算」

・生産面の内訳は、産業別の付加価値額を示す。
・生産面のうち「間接税等」は、輸入品に課される税・関税から総資本形成に係る消費税を控除した額。
・「民間最終消費支出」は、家計による消費額のこと。
・「民間総固定資本形成」は、家計の住宅投資額や企業の設備投資額のこと。
・「統計上の不突合」とは、生産面および分配面でGDPを計測したときに、支出面での計測との間に生じる誤差。
・「政府最終消費支出」は、政府による消費額のこと。
・「公的総固定資本形成」は、政府による投資額のこと。
・「財貨・サービスの輸出」は、財の輸出や外国人による日本国内での消費のこと。
・「財貨・サービスの輸入」は、財の輸入や外国人によるサービス提供に対する支払のこと。
・「雇用者報酬」とは、家計が労働の見返り(賃金など)や投資の見返り(利子など)として受け取る所得のこと。
・「営業余剰」とは、企業の利益のこと。また「混合所得」とは、個人事業主の利益のこと。
・「固定資本減耗」とは、企業が保有する機械や建物などの経年劣化した価値のこと。
・「純間接税」とは、政府によって財・サービスに課される税金(消費税、関税)から、財・サービスに対して与えられる補助金を差し引いた金額のこと。

の支出総額のうち、海外で生み出された付加価値に由来する分を意味しますので、国内で生み出された付加価値としてGDPをとらえるためには、支出された総額から輸入の金額を差し引かなければなりません。

　次ページ以降では、「支出面」からのGDPのとらえ方を踏まえて、消費、投資、政府支出、輸出入のそれぞれ（これらを、「需要項目」と言います）について最近の動向を解説します。

6 消費と労働の動向

長らく続いた賃金の圧縮

167ページのグラフで示したとおり、家計による消費はGDPの半分以上を占めています。2019年度の名目GDP559・7兆円のうち、家計による消費支出は304・2兆円（54・4％）に該当します。

さて、家計の消費に影響を与える要因は58ページで説明しました。ここでは、家計の収入を占うマクロ指標として、失業の動向と賃金の動向を見てみましょう。

失業の状況を測る指標として、**「完全失業率」**が総務省から公表されています。「完全失業率」とは、**労働力人口に占める完全失業者の割合のこと**を指します。また「完全失業者」とは「仕事をする意欲があり、就職活動もしているのに、職が見つからない」失業者、という意味です。したがって、そもそも仕事をする気がない人や、求職をあきらめた人などは「完全失業者」には含まれません。直近の失業率のピークは2009年7月の5・5％でした。その後は長らく低下傾向をたどり、コロナ禍直前の2019年12月には2・2％という低水準に至りました。その後はやや上昇しましたが、他の先進国と比べても相対的に低い水準にあります。

一方、賃金の水準はどうでしょうか？　厚生労働省の「賃金構造基本統計調査」による

賃金の推移と失業率

主な国の完全失業率（%）　　出所：経済協力開発機構

	日本	韓国	アメリカ	イギリス	ドイツ	フランス	スペイン
2019年	2.4	3.8	3.7	3.8	3.2	8.4	14.1
2020年	2.8	3.9	8.1	4.5	4.2	8	15.5

1カ月あたり所定内給与額の推移（男女計、産業計、企業規模計、学歴計）

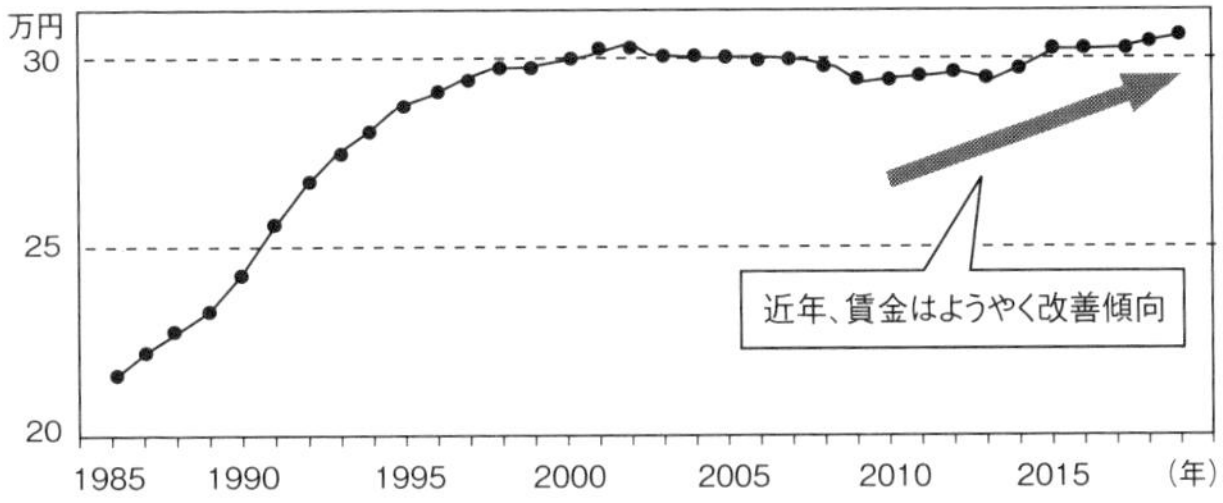

出所：厚生労働省「賃金構造基本統計調査」

と、**一般労働者（パートタイムでない労働者）の名目賃金（残業手当などを含まない基本給）は2001年をピークに横ばいないし低下傾向にありました。しかし2013年以降は緩やかながら改善する傾向がみられ**ました。

　雇用形態についても、労働者の非正規化（正社員を賃金の安い派遣労働者やパートタイム労働者に置き換えること）を進めるなど、企業は長らく賃金の軽減を図ってきました（格差社会については、詳しくは216ページ）。ようやく最近になり、**「同一労働・同一賃金」の理念のもと、非正規の社員を正社員として雇用しなおす動き等が広がりつつあります。**こうした雇用環境の改善が続くことが、日本の経済成長を持続させるための重要な要素の一つといえるでしょう。

7 日銀短観と機械受注統計に見る企業の投資動向

回復の足取りが重い企業の設備投資

次に、GDPの需要項目の二つ目に掲げた投資の動向について見てみます。2019年度のGDPのうち、民間企業による投資は約91・6兆円を占めます。

さて、企業による投資の意思決定は、生産する財・サービスの売れ行きに対する見通しにかかっています。今後より多くの財・サービスが売れると企業が考えるなら、現在よりも生産設備やオフィス・店舗のスペースを増やそうとしますから、そのときに設備投資が発生するのです。これをとらえる代表的な指標として、**「日銀短観」**と**「機械受注統計」**があります。その具体的な数値を見てみましょう。

まずは日銀短観です。左ページのグラフには「生産・営業用設備DI」の推移を掲げました（目盛の上下を逆に表示していますので注意してください）。これは、**設備を過剰と認識している企業の割合から、不足と認識している企業の割合を差し引いた値**として求められるので、企業における設備の過剰感が強まるとDIの値が増加し、不足感が強まるとDIの値は減ることとなります。これまで、景気後退期には企業の設備過剰感が強まり、DIの値が増加した、という関係性があったことが読み取れます。コロナ禍直前には、企業の設備不足

日銀短観と機械受注統計にみる企業の投資動向の推移

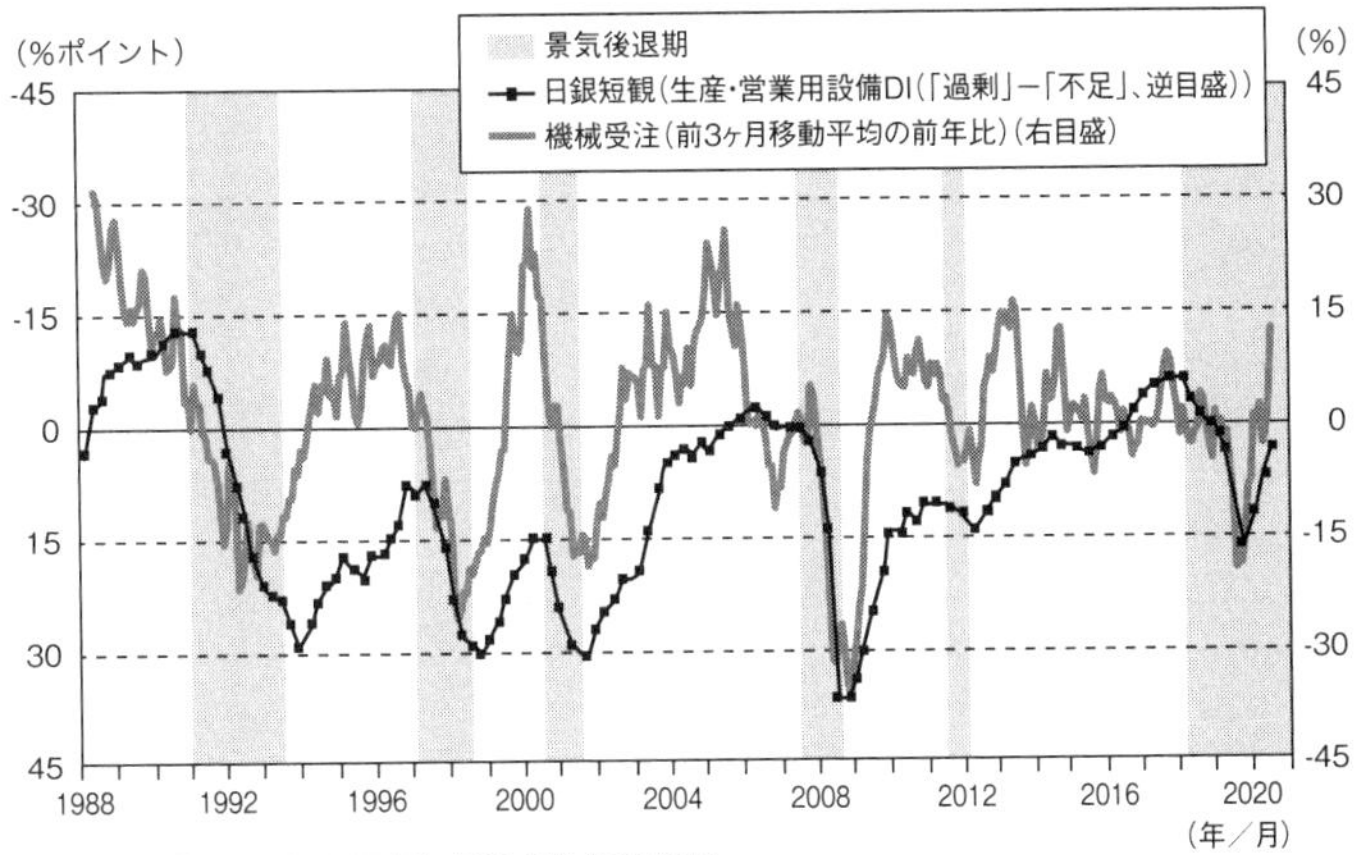

出所:日本銀行「短期経済観測調査」、内閣府「機械受注統計」

注:機械受注統計は船舶・電力を除く民需、2006年5月以前は業種組み換え前。生産・営業用設備DIは全規模・製造業。

感がついに解消され、久しぶりにＤＩの値がマイナスに振れました。

また、内閣府が公表する機械受注統計についても上のグラフにこれまでの推移を示しています。**機械受注は企業の設備投資を反映したもので、景気の先行きを占う上で重要な指標の一つ**であるとされています。実際これまでも、景気後退期に差し掛かる以前に、この数値がピークを越えることが多かったようです。このところコロナ禍による減退とその反動がみられますが、均《なら》してみればやや増勢が鈍化していたようです。

ところで、１１０ページでも述べたとおり、企業の投資は90年代を通じて長らく低迷しており、その期間はデフレスパイラルに陥っていた時期と重なっていました。

8 日本の貿易の現状はどうなっているのか？

これまでの景気回復パターンとは異なる輸出の動き

ＧＤＰの需要項目のうちから、海外との貿易の状況について見てみましょう。

国民経済計算によると、２０１９年度の財・サービスの輸出は約95・5兆円、輸入が約96・0兆円で、差し引き５０８８億円の赤字でした。貿易・サービス黒字額は経済主体としての「海外」による需要とみなされ、日本のＧＤＰとして計上されますが、赤字であった場合はＧＤＰを計測する上で国内の需要から差し引かれます。

金額だけを見ると経済成長に及ぼす影響は小さそうにも見えますが、従来は輸出の増加が経済成長率を押し上げる、いわば「機関車」の役割を果たしてきました。左ページに示した実質輸出は、輸出の数量を意味しています。**これまで景気拡張期には輸出の伸びがプラスとなり、逆に景気後退期には輸出が伸び悩む、という関係性がありました。**

しかし２０１２年以降の景気拡張期において、円安が進んでも日本の輸出の回復がほとんど見られない、という状況がしばらく続きました（円安になると日本の輸出が有利になる原理については、１２２ページで解説しました）。そのため、**輸出の増加が日本の景気回復を牽引する、という従来の景気回復プロセスが再現しなかった**のです。

景気と輸出量の関連性

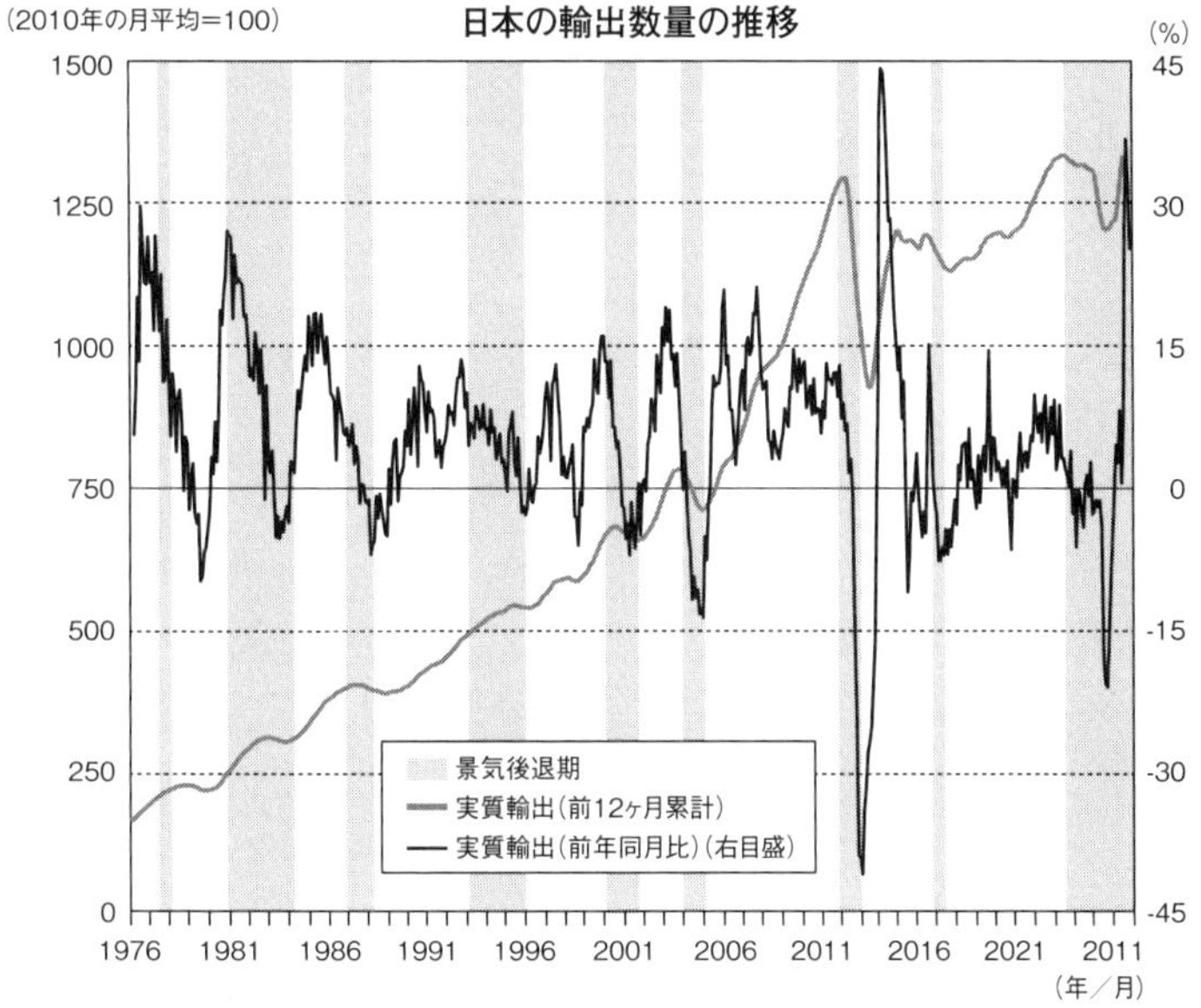

出所:日本銀行

その後2016年頃からの一時期は、再び輸出が盛り上がって景気を牽引しました。そしてコロナ禍によって2020年は大幅に輸出が落ち込みましたが、その後は輸出が足早に回復し、日本の景気を下支えしています。

日本の貿易を巡る状況が大局的なお金の流れを通じて日本の財政と関わっていることを、すでに140ページで紹介しました。この点はこれからの日本経済を考える上でも重要なポイントですので、192ページでも再び取り上げたいと思います。

9 政府の収入と支出の現状はどうなっているのか？

国の歳出は約100兆円にも及ぶ

ＧＤＰの需要項目として、最後に政府支出を取り上げます。２０１９年度のＧＤＰ５５９・7兆円のうち、政府支出が約１４１・０兆円を占めています。ここに政府（国）と地方自治体による消費や投資が含まれる、ということは既に述べました。

さて、政府によってどのように税金が集められ、どのように使われているのかを見てみましょう。２０２０年度の日本の政府の**「歳入」**は約１８４・６兆円にも上ります。その内訳を見てみると、２０２０年度は新型コロナ対策のための歳出増加に備えるべく、新規に１０８・６兆円の国債が発行されました。一方、２０２０年度の税収は過去最高となる60・8兆円を記録しましたが、それでも国債発行額の約6割程度に過ぎません。税収のうち「基幹三税」と呼ばれる所得税、法人税、消費税が85％を占めています。税収の内訳については１８８ページ、国債の問題については１９２ページでも再び取り上げます。

次に国家予算の支出に当たる**「歳出」**の内訳を見ると、大きく「一般歳出」「地方交付税交付金」「国債費」の三つに分かれています。一般歳出とは、年金や医療などの社会保障費や公共事業などに代表される、政府の活動の根幹にかかわる必要経費に当たります。

２０２０年度は「中小企業対策費」が多くを占めていますが、これは新型コロナ対策としての中小企業金融支援を含んでおり、例年よりも巨額となっています。

地方交付税交付金は、地方自治体に分配されるお金です。自治体間の税収の格差を是正し、国内どこでも必要な行政サービスが提供できるようにするために利用されます。

そして国債費は、発行した国債の元本と利息の返済などに使われるものです。

政府の歳入・歳出の内訳(2020年度決算)

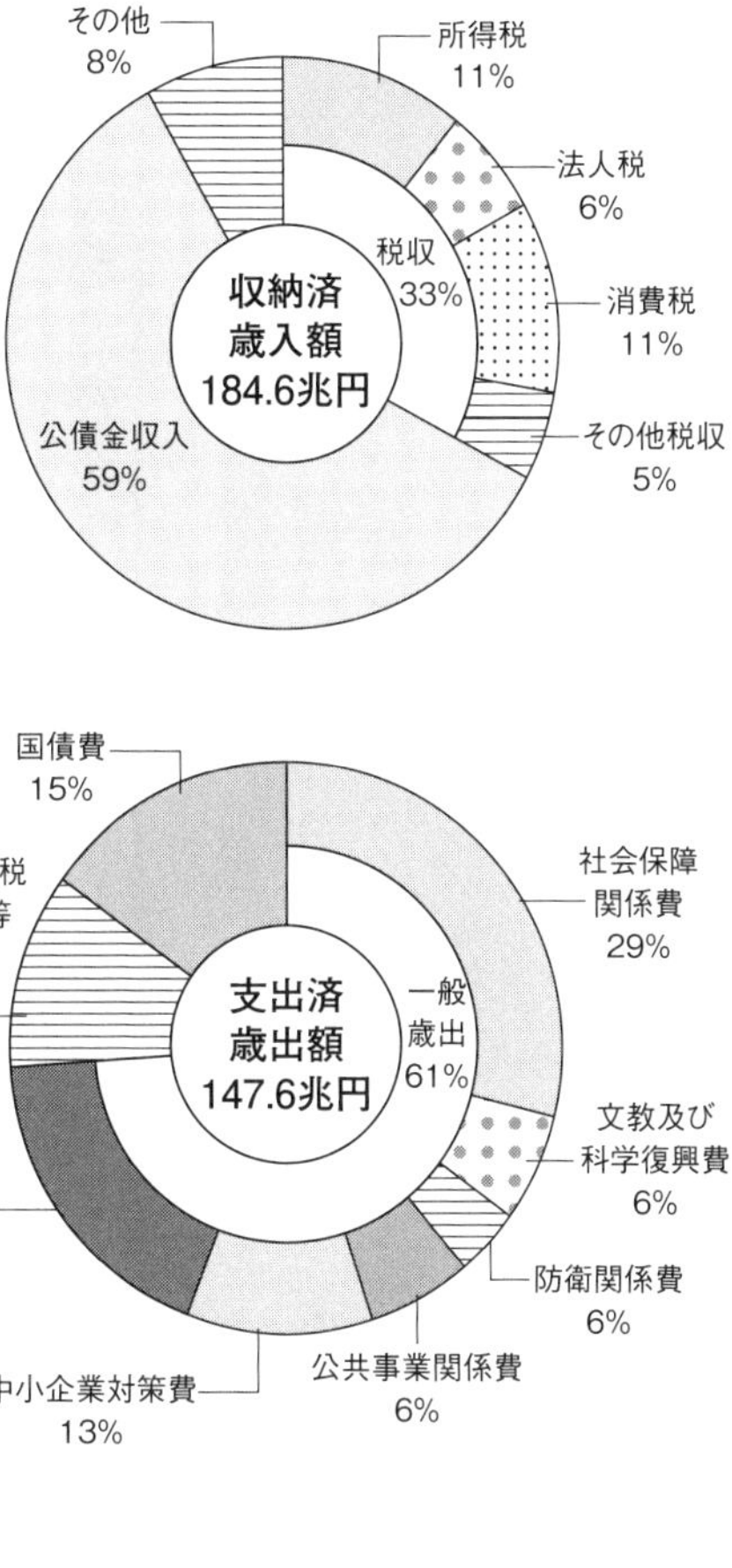

出所:財務省資料(決算資料)

10 私たちの暮らしを守る「社会保障」の仕組みとは？

100兆円を超える額が給付されている

一般歳出の多くを占める**「社会保障関係費」**。これは、政府の役割の一つである「所得の再分配」に対応する社会保障費に充てられるものです。具体的には、医療保険、年金、介護保険、雇用保険、児童手当、生活保護などが社会保障費に当たります。これらの給付は、勤労者や雇用主などが支払う掛け金に加え、政府や地方公共団体の財政（すなわち税金）から支出されるお金によって賄われています。

実際に国民に給付されるお金を「社会保障給付費」と呼び、2019年度は123・9兆円に上りました。そのうち、もっぱら高齢者を対象にした年金と介護にかかわる給付費だけで全体の半分以上を占めるなど、社会保障給付費は高齢社会の進行を色濃く表しています。

私たちは、社会保険料を納めることによって、社会保障にかかる費用の一部を負担しています。所得に占めるその割合を**「社会保障負担率」**と言い、そこに租税負担率（所得に占める租税負担の割合）を加えたものを「国民負担率」と言います。**ヨーロッパの先進諸国と比較すると低い水準にある点が日本の特徴です。****それでも国民負担率は少しずつ上昇**してきました。

社会保障の現状を理解しよう！

主な国の国民負担率

2021年度	2018年度	2018年度				
日本	日本	アメリカ	イギリス	ドイツ	スウェーデン	フランス
44.3% (56.5%)	44.3% (48.7%)	31.8% (40.1%)	47.8% (51.0%)	54.9% (54.9%)	58.8% (58.8%)	68.3% (71.5%)

注:対国民所得比。日本の2021年度は見通し。括弧内は財政赤字対国民所得比を含めた国民負担率。　出所:財務省資料

日本の国民負担率の推移

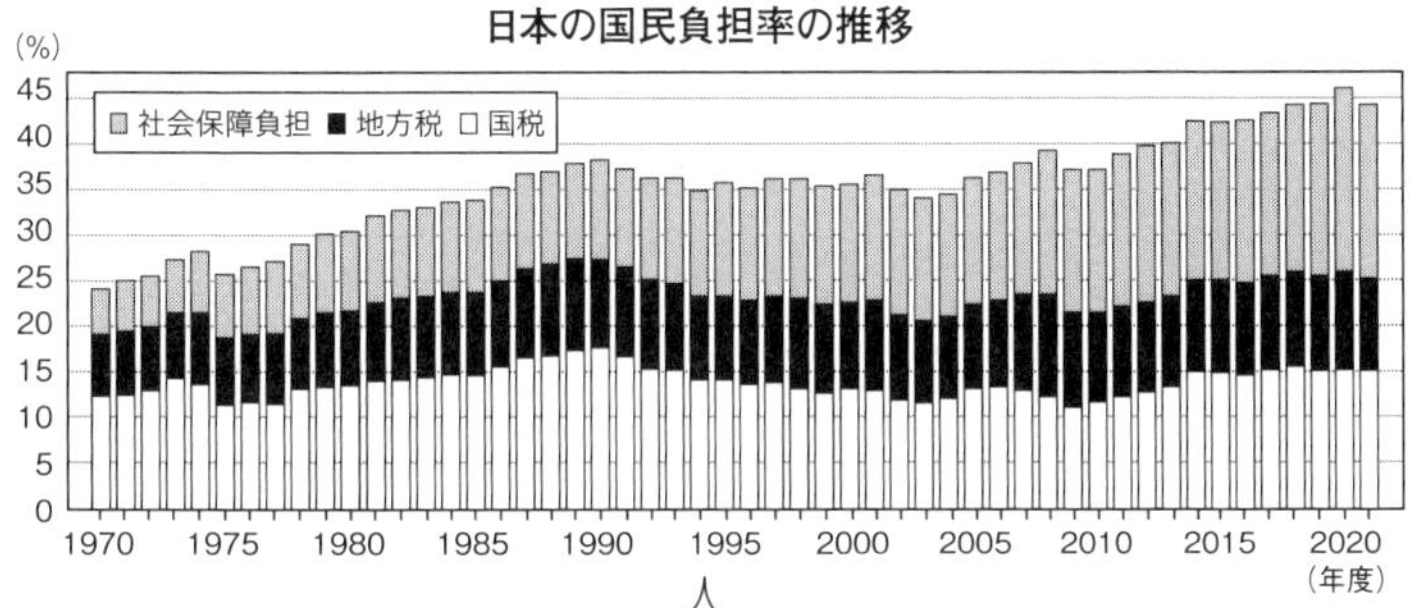

日本の国民負担率は少しずつ増加しているが、
先進諸国と比較すると低水準である

出所:財務省資料　注:2019年度までは実績、2020年度は実績見込み、2021年度は見通し。

「経済成長すれば誰もが豊かになるので、社会保障の必要性が低下するはずだ」といった主張をする人たちも存在しますが、経済成長によって貧しい人が豊かになるプロセスは明確ではありません。そもそも社会保障は豊かな人から貧しい人への一方的な給付という側面のみならず、病気・高齢・失業など、誰もが直面しうるさまざまなリスクを社会全体で負担しよう、という発想に基づいています。

11 日銀が着手した「異次元」の金融緩和

金融政策の操作対象を「金利」から「量」へ

金融政策の基本的な方法はコール市場で形成されるコールレートを操作することである、と150ページで触れました。しかし日銀は2013年4月4日、コールレートを操作する従来の金融政策をとりやめて、まったく異なる金融政策に転換することを決めました。

それまで日銀はコールレートを「0〜0・1%」に誘導する、としていました。市場で形成される金利は0%未満にはなりえません。したがって、そこからさらに金融緩和を行おうとしても、コールレートを下げる余地はほとんどなかったのです。そこで、金利を操作する方法に代えて、日銀は**「マネタリーベースの増加ペースを操作する」**という方法に切り替えて、「1年間で60兆〜70兆円のペースでマネタリーベースを増加する」と宣言しました。

操作する対象を「金利」からマネタリーベースというお金の「量」に変更したことから、こうした金融政策は「量的金融緩和」と呼ばれます。

ここで、「マネタリーベース」とは、世の中に出回っている現金と、金融機関が日銀に預けている日銀当座預金の総称のことです。日銀は直接「マネーストック」（130ページ）を増減することはできませんが、「マネタリーベース」を操作できますので、「マネタリーベー

マネタリーベースとマネーストック（2021年7月の月中平均）

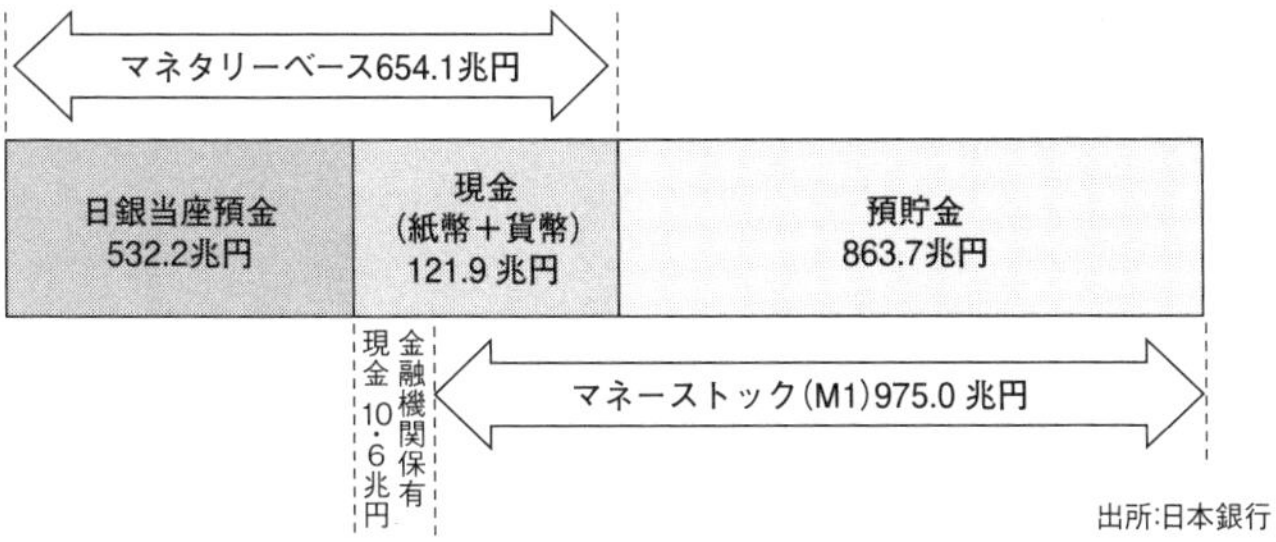

出所:日本銀行

マネタリーベースは「中央銀行が供給する通貨」の総量を意味します。
一方、マネーストックは「中央銀行を含む金融機関全体から経済に対して供給される通貨」の総量、すなわち世の中に出回っているお金の総量を意味します。

ス」を増加することで間接的に「マネーストック」を増やすことを試みた、というわけです。

また、日銀が買いオペの対象とする資産も、従来は短期国債が中心だったところ、2013年4月4日以降は長期国債、ETF《イーティーエフ》（株式上場投資信託）、REIT《リート》（不動産投資信託）、社債なども積極的に買い入れるようになりました。このことを指して「質的金融緩和」と呼んでいます。

そして「量的金融緩和」と「質的金融緩和」を合わせて、日銀は2013年4月4日以降の金融緩和を**「量的・質的金融緩和」**と呼びました。これは88ページや150ページ以降に示した通常の金融政策とはまったく異なる枠組みですので、**「異次元緩和」**と呼ばれていることは冒頭のとおりですし、また154ページで紹介した「非伝統的金融政策」の一種でもあります。

12 サプライズに訴えかける金融政策とその行き詰まり

マイナス金利の導入、そして長期戦へ

日銀が「量的・質的金融緩和」を導入した当初、その狙いの一つとして「期待への働きかけ」を挙げていました。これは、金融政策を通じて家計や企業が先行きの物価上昇を信じるように促す、という意味合いです。

人々が先行きの物価の上昇を予想すると、財・サービスを早めに買おうとする意識が働きますから、現実に需要が増えて物価は上がりやすくなります。このことを物価に対する**「期待の自己実現性」**と呼んでいます。日銀は当初、2%の物価目標をなるべく早い時期に達成することを念頭に置いていましたので、**金融政策のサプライズ的な効果を演出することで人々の物価に対する予想を一気に転換するよう狙っていた**ようです。

「量的・質的金融緩和」の導入自体がサプライズ感のあるものでしたし、2014年10月31日にマネタリーベースの増加ペースを引き上げる追加緩和を行った際も、直前まで日銀の黒《くろ》田東彦《だはるひこ》総裁は追加緩和の可能性を否定し、追加緩和のサプライズ感を演出しました。

そして2016年1月29日、**マイナス金利政策**を導入しました。これは、**金融機関が保有する日銀当座預金のうち、家計や企業への貸し出しに回せなかった額の一部にマイナス0・**

企業の物価見通し（1年後の見通しの平均）

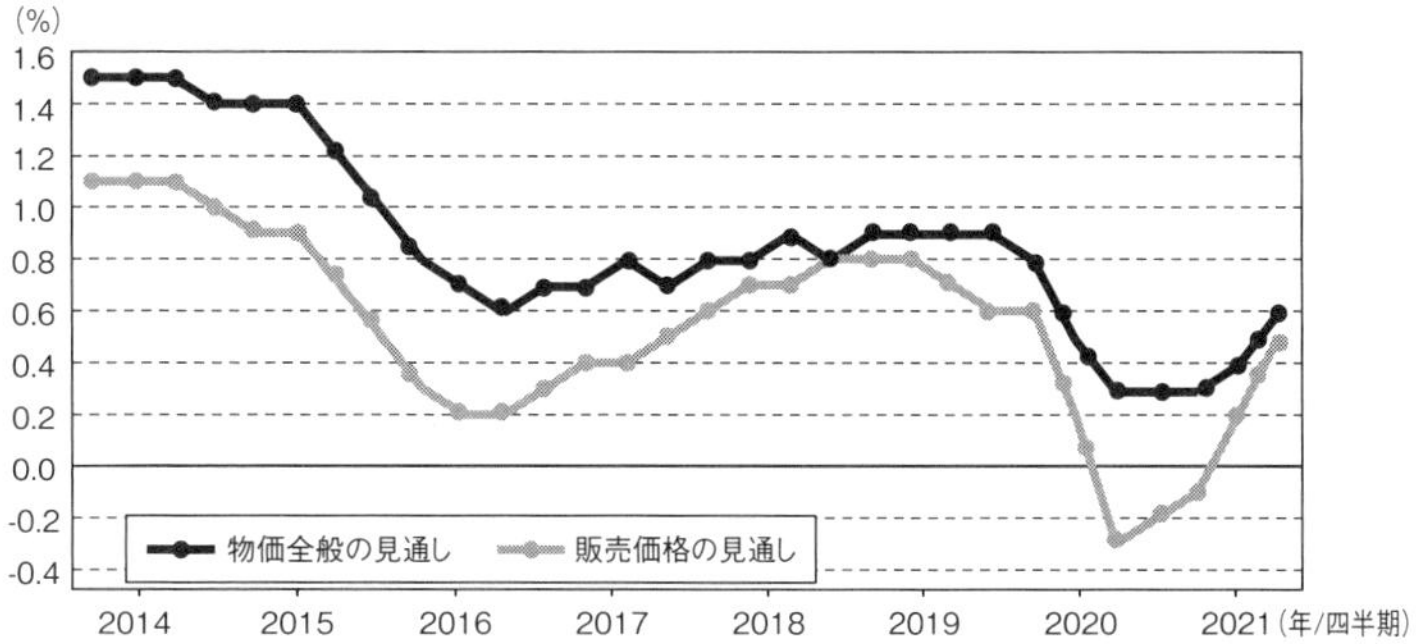

出所:日本銀行

企業が予想する1年後の物価見通しの平均値を振り返ると、「量的・質的金融緩和」の導入以降も、これが高まっている様子は見られません。とりわけ、「物価全般の見通し」よりも「販売価格の見通し」が下回っており、企業は販売価格の引き上げに慎重な姿勢を崩していないものと推察することができます。

1%の金利を掛けるという政策です。預金を預かっている日銀が、預金を預けている金融機関から金利を徴収することによって、積極的に家計や企業に貸し出しを行わない金融機関にペナルティを与える、という意味合いがあります。このマイナス金利政策の導入時も、直前まで黒田総裁はその可能性を否定しており、やはりサプライズ感の演出を狙ったものとみられます。

しかし**現実には、2%の物価目標はなかなか達成されませんでした。**人々の物価に対する予想を引き上げる試みは不発に終わったのです。そこで日銀は、2016年の後半以降は、短期に物価目標を実現することを前提とした金融政策を諦め、長期戦に備えた金融政策に舵を切りました。

13 イールドカーブ・コントロールとフォワードガイダンス

政策の持続可能性を意識した金融政策運営

マイナス金利政策を導入した半年後の2016年7月29日、日銀はそれまでの金融政策に対する「総括的な検証」を行うことを公表しました。検証結果を踏まえた政策の変更を予期させること自体が、サプライズ的な金融政策からの脱却を意味していましたし、また検証結果の中身も、物価目標の実現には粘り強く金融緩和を続ける必要があることを認めるものでした。

2016年9月21日、日銀は「総括的な検証」の結果を踏まえて**「長短金利操作付き量的・質的金融緩和」**を導入しました。短期金利として日銀当座預金に対する0・1%のマイナス金利を継続するとともに、長期金利（満期10年の国債金利）を0%程度に誘導する、ということが、ここでいう「長短金利操作」に当たる手法です。また、この手法は**「イールドカーブ・コントロール」**とも呼ばれています。

さらに日銀は2018年7月31日に、それまでの低い政策金利水準を当分の間続けることを約束しました。このように将来の金融政策を明示することを**「フォワードガイダンス」**と呼んでいます。

マネタリーベース(各月平均残高)の推移

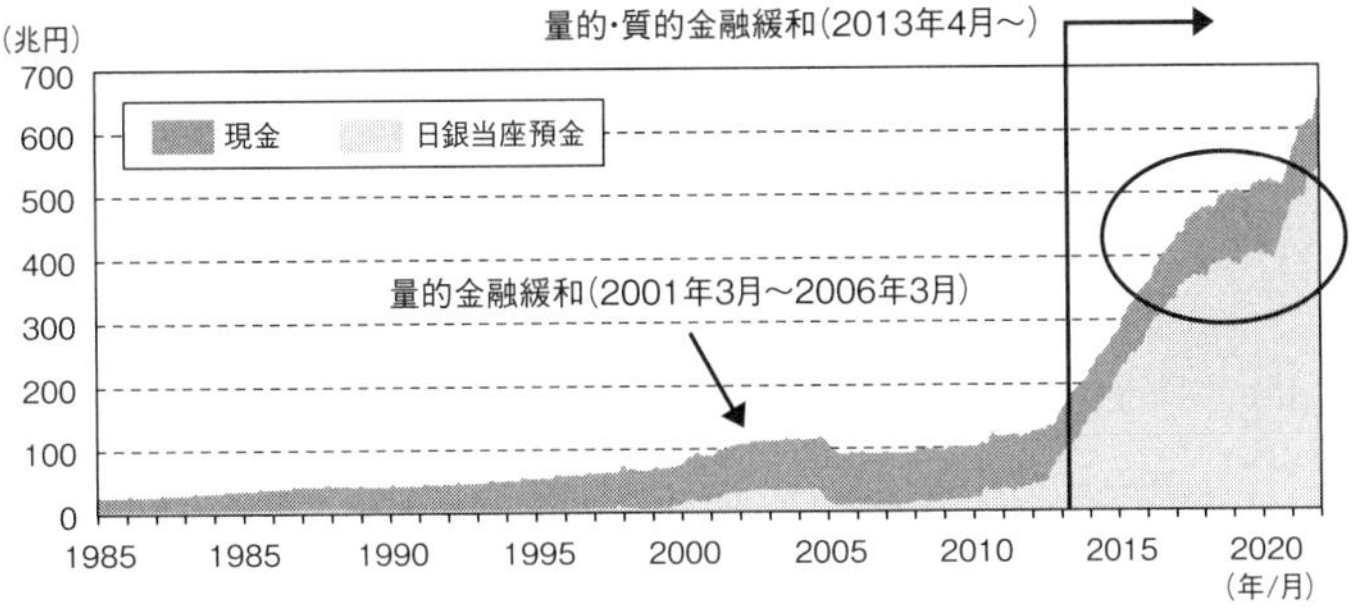

2013年4月以降、マネタリーベースは急増しましたが、2016年後半以降(○で囲った時期)はその増加ペースが純化したことが見て取れます。金融政策において「量」の目標を事実上撤廃したことがその背景にあると考えられます。また2020年以降は再びマネタリーベースの増加ペースが高まっています。これはコロナ対策として日銀が講じたオペレーションの影響によるものです。

出所:日本銀行

これらの一連の金融政策の調整を経て、日銀が当初の「量的・質的金融緩和」で導入したマネタリーベースの増加ペースの目標を事実上撤廃しました。日銀がマネタリーベースを増加しようとすると、金融機関が保有する国債などの資産を日銀が購入し、その代金を日銀当座預金に振り込まなければなりません。日銀が買える資産を買い尽くしてしまう前に、「量」の目標を撤廃することで、金融政策の持続性を確保したものと考えられます。2020年のコロナ禍以降、日銀は資金の供給を円滑化するために新しいオペレーションを導入し、その結果マネタリーベースの増勢が再び高まっています。それでも、長期国債、ETF、REITなどの買入額は低調な状態が続いています。

第7章

日本の経済の未来を占おう！

〜経済を語る上でのさまざまな論点〜

1 少子高齢化と社会保障の行方

避けては通れない増税の議論

残念ながら、日本の少子高齢化を食い止めることは非常に難しいと考えられます。国立社会保障・人口問題研究所の推計によると、65歳以上の人口が全人口に占める比率は、2015年の26・6％（3・8人に1人）から、2065年には38・4％（2・6人に1人）にまで上昇すると考えられます。

少子高齢化に伴って、社会保障の維持が一層難しくなることが懸念されます。176ページで説明したとおり、社会保障給付は現役世代が負担する掛け金に加え、税によっても賄われているのですから、現役世代の割合が減少し、社会保障給付をより多く受ける世代の割合が増加すれば、当然その維持は厳しさを増すことになります。

そこで政府は、2013年から**「社会保障と税の一体改革」**を進めています。**その柱が消費税率の引き上げ**であり、2014年4月に5％から8％に、2019年10月に8％から10％にそれぞれ引き上げられ、それらの増収分がすべて社会保障の充実に充てられることとなっています。

既に日本では、歳出の一部を国債の発行による借金によって賄うことが常態化しています。

また歳出のうち最も多くを占めるのが社会保障関係費である以上、社会保障制度の維持のためには財政の持続可能性を確保する必要があります。**財政再建のためには増税の議論に真正面から取り組まなければなりません。**

政府はこれまで、財政再建の第一歩として「プライマリーバランスの黒字化」を目標に掲げてきました。**プライマリーバランスとは、国債発行額を除く歳入と国債費を除く歳出の差**を意味しており、すなわち「その年度の税収でその年度の政策的な支出を賄えるかどうか」に相当します。政府は2006年に「2011年度にプライマリーバランスを黒字化」との目標を掲げましたが、金融危機によりその達成を断念しました。また2010年にも「2020年度までにプライマリーバランスを黒字化」との目標を改めて示しましたが、2018年になってその達成時期を2025年度に後ろ倒ししました。

不用意に増税することによって日本経済が冷え込むと、企業の業績や家計の所得の伸び悩みによってかえって税収が減る、という議論もあります。そもそも増税は不人気ですので、政治的にも実現が困難です。しかし手をこまねいていれば少子高齢化は一層進行してしまいます。社会保障制度を永続させるという前提に立てば、財政の健全化を図る必要がありますし、そこでは税を誰がどう負担するか、という議論が避けられないことでしょう。

2 基幹三税とその特徴

法人税に関しては歴史的な国際合意も

国や地方公共団体が徴収する税にはさまざまな種類があります。これらを分類する際、経済活動のどの局面において税を負担させるかに応じて、**「所得課税」「消費課税」「資産課税」**に大別することが一般的です。

「所得課税」の代表例が**「法人税」**と**「所得税」**であり、「消費課税」の代表例が**「消費税」**です。これら三つの税を合わせて、**「基幹三税」**と言います。「資産課税」の代表例が固定資産税ですが、これは地方税であり、政府の歳入における「資産課税」（相続税、贈与税）の占める割合はごくわずかにとどまっています。

さて、望ましい税のあり方はどのようなものでしょうか。その判断基準の一つが「応益負担か応能負担か」という基準です。**「応益負担」とは、公共サービスを受けた者がその受益に応じて支払うべき、という考え方**です。これに対して**「応能負担」とは、税を多く支払うことができる人が多く支払うべき、という考え方**です。公共サービスの受益分が消費活動に比例すると考えれば、消費税は「応益負担」に該当します。また所得税はより多くを稼いだ人がより多くを納税する仕組みですので、「応能負担」に該当するといえるでしょう。

これとは別の基準として、**「公平」「中立」「簡素」**があり、これらをまとめて**「税の三原則」と呼んでいます。**公平の原則とは、同等の経済的条件にある納税者には同等の負担をさせる、あるいはより経済的条件が有利な納税者にはより多くを負担させる、という基準です。中立の原則とは、税によって家計や企業の経済活動に関する意思決定を歪めない、という基準です。簡素の原則とは、税の徴収をより簡素に、よりわかりやすくする、という基準です。

こうした基準に照らしながら、望ましい税制をどのように設計するか、という視点が求められるのです。たとえば消費税の軽減税率は、必需品の税率を軽減することによって経済的に不利な納税者の負担を軽減する、という意味での「公平の原則」の一部を実現する狙いがあったと考えられます。

しかし軽減税率の導入によって、たとえば食品を「テイクアウトするか、イートインで楽しむか」といった消費者の判断が影響を受けることになりました。これは「中立の原則」を犠牲にしたことにほかなりません。またどのような品目が軽減税率の対象となるかを事細かに設計しなければなりませんので、「簡素の原則」も犠牲にしたと評価することができます。

さらに税を考える上では、地域間競争や国際競争の観点にも目配りしなければなりません。たとえば「ふるさと納税」の仕組みの下では、ある自治体が返礼品を豪華にすればするほど、その地域の税収は増えるかもしれませんが、その分だけ別の自治体の税収が減っているに過ぎません。その上各自治体は返礼品のために支出をしなければならないのですから、**全自治**

体の手元に残る税収を合計した額は、自治体ごとの競争によってむしろ減少しているはずです。

国際競争の文脈では、法人税の扱いが問題となります。ビジネスが容易に国境を越えて拡大する現代において、**高い法人税率の国から低い法人税率の国へと企業が移転することも容易である**と考えられます。高い法人税を放置すると国内経済の空洞化を助長するのではないか、という懸念から、各国において法人税を引き下げる例が相次ぎました。日本においても2015年度以降、法人税率を段階的に引き下げました。しかしながら、このような税率の引き下げ競争が過熱すると、世界中で企業の税負担が過少になってしまう、という結果に陥ります。

こうした中、2021年7月に開催されたG20（20カ国・地域の財務相・中央銀行総裁会合）において、企業が負担する法人税率を15％以上にするとの合意がなされました。OECD（経済協力開発機構）によれば、事務レベルでは130の国と地域がこれに合意しているとのことです。**法人税を巡る過度な国際競争を未然に防ぎ、企業による租税回避行動を抑止するための歴史的な合意**であったと評価されています。

政府の税収に占める基幹三税の割合

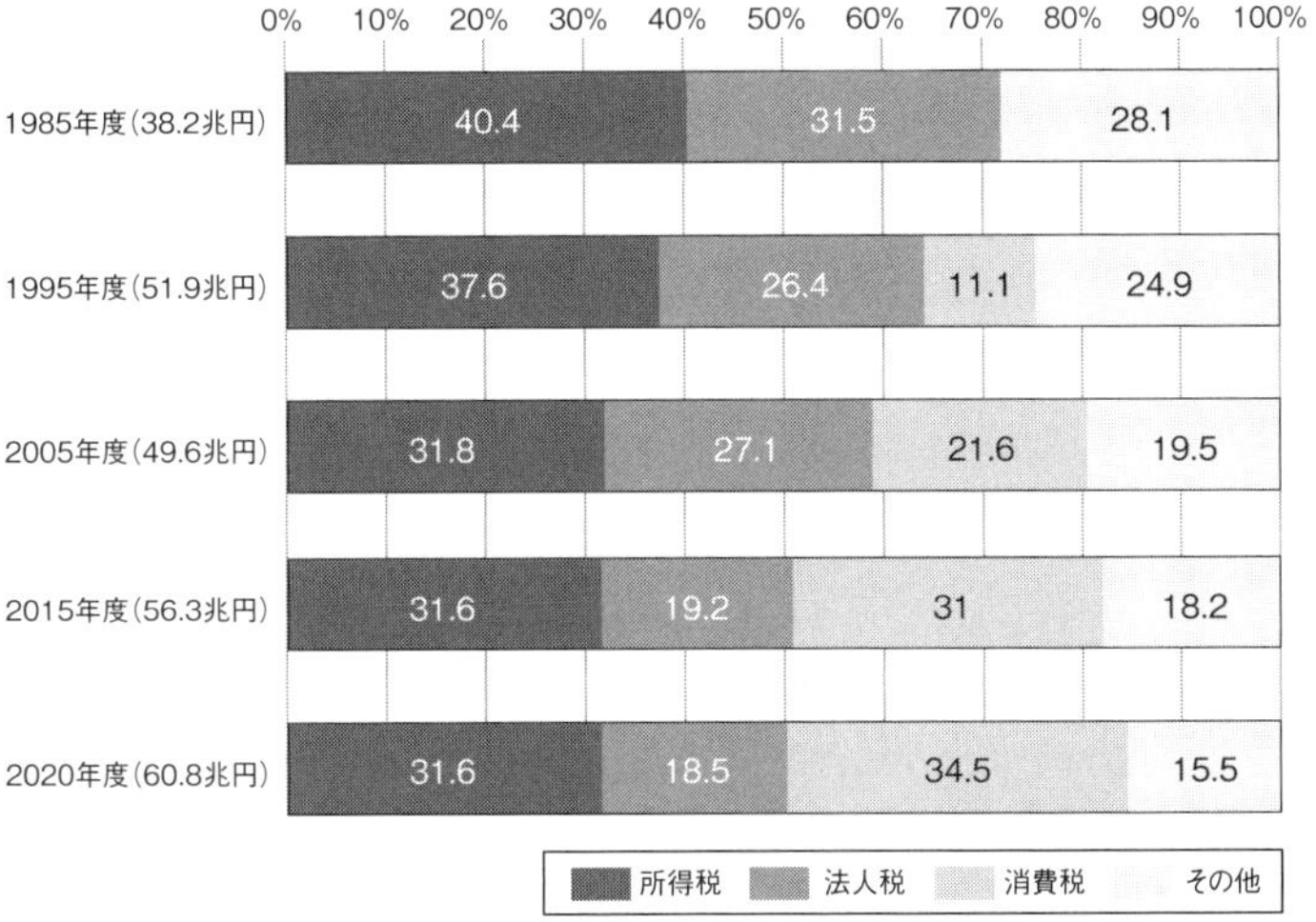

注:括弧内は各年度の税収総額。
出所:国税庁、財務省

1985年度(消費税導入前)は、政府の税収の4割が所得税、3割が法人税という構成でした。その後1989年4月の消費税導入、さらに1997年4月、2014年4月、2019年10月にそれぞれ実施された消費税率引き上げを経て、税収に占める消費税の割合は高まってきました。2020年度決算では税収が過去最高となる60.8兆円に達しましたが、その3分の1以上を消費税が占めるに至っています。一方、法人税の割合は2割弱にまで低下しました。

3 国債をいくらでも発行できるって本当？

現代貨幣理論は「打出の小槌」ではない

一般に、私たち個人はどのような貯蓄行動をとるでしょうか。多くの場合、現役時代に貯蓄を行います。銀行や郵便局への預貯金のみならず、老後に備えて年金保険料を支払ったり、いざというときに備えて保険に入ったりすることも「貯蓄」に含まれます。そして引退後はその貯蓄を取り崩して生計を立てます。

少子高齢化によって、現役世代の人口が減り、高齢者が増加すれば、貯蓄を積み増す人よりも貯蓄を取り崩す人の方が相対的に多くなるわけですから、**世の中全体としては貯蓄の積み増しが減り、あるいは貯蓄の取り崩しが始まる**ことになります。

このことを踏まえて、145ページに記載した式を思い出してみましょう。

式：財政赤字額＝民間部門の貯蓄の積み増し－金融収支の黒字額

という関係があるのでした。もし民間部門の貯蓄が減るなら、財政赤字を続けようとすると、金融収支の黒字額を減らしていき、いずれは金融収支を赤字化しなければなりません。「金融収支の赤字」とは、日本の家計や企業が海外に保有している資産を取り崩すか、あるいは海外の投融資を日本に受け入れる状態に該当することを思い出してください。財政赤字との対比でいえば、海外の投資家が日本国債を購入するような状態がこれに当たります。

さて、それでは財政赤字を放置すると、将来どのようなことが起こるでしょうか。いずれ、海外の投資家に国債を買ってもらう必要が生じるかもしれません。あるいは少子高齢化に抗って民間部門が貯蓄の積み増しを続けるように仕向けなければならないかもしれません。ただし、海外の投資家も日本の家計や企業も、自由な意志で投資や貯蓄の判断をするわけですから、それを強制的に促すことはできません。唯一実現可能な方法は、日本国内の金利が高まる、という方法です。

現在の日本政府が低い金利で国債を発行できているのは、低い金利であっても民間部門が自発的に貯蓄を積み増したり、国内外の投資家が自発的に国債を買ったりしてくれるからです。もしそのような前提条件が崩れれば、日本政府は高い金利で国債を発行しなければならなくなります。たとえば「日本政府の財政がいずれ破綻して、借金を返してもらえなくなる」というイメージが広がってしまうと、日本政府にお金を貸してもよいという意欲は低下しますから、高金利でないと国債を発行できない、ということになりかねません。

136ページで述べたとおり、国債金利の上昇は、国債という債券価格の低下を意味します。そして私たちは、年金や保険を通じて、間接的ではありますが国債に投資をしているのでした。したがって、国債金利の上昇は私たちが保有する資産の価値を目減りさせてしまうのです。

より深刻な状況は、日本円という通貨の価値に対する信認が失われ、ハイパーインフレーションのような状況が生じることです。このときもやはり私たちが保有する資産の実質的な価値は目減りすることになります。逆にインフレは政府が負っている借金総額の実質的な価値を目減りさせる効果も持ちます。109ページではデフレが実質的に債務の負担を重くする効果があると説明しましたが、インフレではそれと逆の効果が働く、というわけです。このように、**インフレによって国民の資産と政府の国債残高を実質的に目減りさせることを、特に「インフレ課税」と呼んでいます。**

いずれにせよ、財政赤字を放置しておくと、将来どこかの段階で、**(1)国債の金利が上昇するか、(2)インフレによって資産の実質的な価値が切り下がるか、あるいは(3)増税によって国債の発行を一気に止めるか、このうちいずれか(二つ以上かもしれません)が生じる**ことになります。いずれも国民生活を大混乱させることになるはずです。そのようなことを回避するために、理想的には緩やかに財政赤字の削減を目指すべきですし、少なくとも政府が「財政赤字の削減を目指している」という態度を表明することで財政破綻の懸念を払拭し続けることが重要です。

財政赤字に関して、最近**現代貨幣理論(MMT)**という言葉をよく目にするようになりました。MMTは財政赤字を巡るお金の大局的な流れを、主流派の経済学とは異なる視点で再整理した理論です。しかしMMTを論拠として**「政府はいくらでも(永遠に)財政赤**

プライマリーバランスの国際比較（対GDP比）の推移

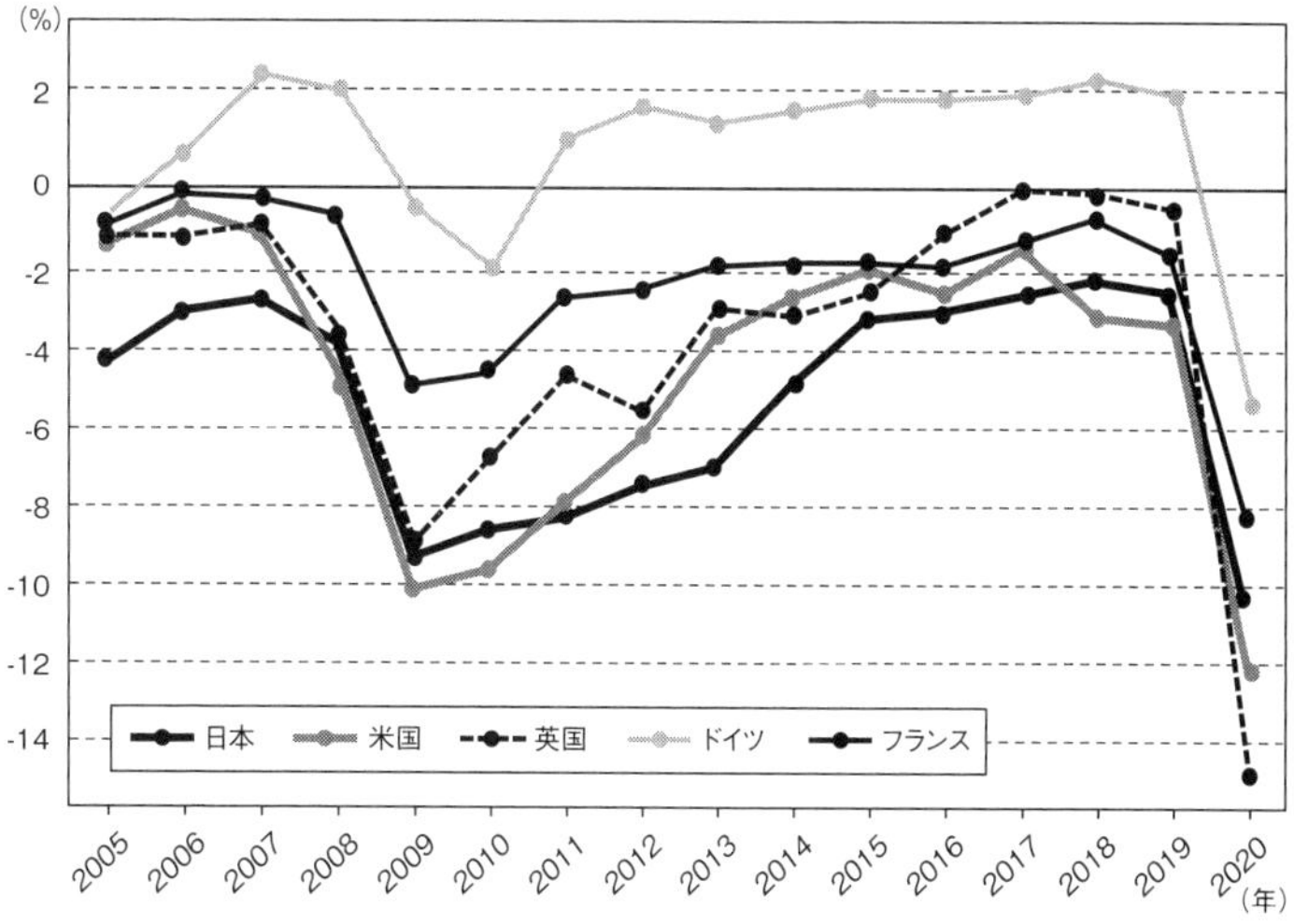

出所:財務省「日本の財政関係資料」(令和3年4月)

字を続けられる」と主張するのは、MMTの曲解に過ぎません。そのような論者はしばしば、「人々の貯蓄行動や投資家による投資行動が自発的な意思決定に委ねられている」という前提を無視しています。上記のとおり、日本政府が国債を低金利で発行できるということは、日本国債を低金利で買ってもよいと自発的に考える人がいるからこそです。いくらでも借金できる、などという便利な「打出の小槌」は存在しません。政府がそのような財政運営に手を染め続けると、いつか必ず私たちの生活にしっぺ返しを食らうことになるでしょう。

4 キャッシュレス社会における電子マネーと暗号資産

仮想通貨は本物の通貨になりえるか？

スマートフォンの普及に伴って、世界中でさまざまな電子マネーや決済サービスが普及しています。旧来からのクレジットカードなども含めて、今後も現金を使わないお金の受け渡し（キャッシュレス決済）は私たちの日常に深く根付いていくことでしょう。

さて、そこで用いられる電子マネーは「通貨」といえるでしょうか。結論からいうと、**電子マネーは通貨には含まれません。**電子マネーの発行体が私たちユーザーに電子マネーを付与したとしても、そこで新たに通貨が生み出されたことにはならないからです。たとえば交通系ICカードに1000円分チャージをしても、私が持っている1000円札が鉄道会社に渡っただけですので、そこで新たなお金が生み出されたわけではありません。クレジットカード払いやキャリア決済の場合も、基本的な仕組みはプリペイド式の電子マネーと同じです。電子マネーは通常の通貨との交換によってのみ発生するのです。

一方、ビットコインやイーサリアムなどに代表される暗号資産（仮想通貨）に関してはもう少し綿密な議論が必要です。暗号資産は、日本円などの通常の通貨と交換ができ、さまざまな決済に使えますので、使い勝手としては電子マネーと同じです。しかしその発生プロセスが電子マネーとは異なります。**暗号資産は「マイニング（発掘）」によって発生します。**「マイニング」とは、コンピュータ・ネットワーク上で暗号資産の流通を記録するために不可欠となる希少な情報を発見する、という意味合いであり、金鉱山から希少な金属である金《きん》を採掘するイメージに相当します。

日本円にせよ米ドルにせよ、通常の通貨の場合は、それぞれの国や経済圏の中央銀行が法的な根拠に基づいて発行し、その流通を調整しています。この仕組みを**「管理通貨制度」**と呼びます。しかし暗号資産にはそのような集権的な主体は存在しません。分散的なコンピュータ・ネットワークによって暗号資産の価値が担保されるというところに、暗号資産の特徴があります。かつその流通がすべてコンピュータ上に記録されるという点において、通常の通貨にはない性質も有しています。

現在のところ、暗号資産に価値があるのは、通常の通貨との交換可能性があるからです。しかし、もし世の中の人々が、暗号資産をそれ単独として決済や価値保蔵の手段として受け入れるなら、暗号資産も「通貨」に含めるべき、ということになるでしょう。それはあたかも、「管理通貨制度」以前の世の中において、金や銀などの貴金属がそれ単独として決済や価値保蔵の手段として機能していた状況に似ています。２０２１年9月7日に、中米のエルサルバドルという国が、ビットコインを正式な自国通貨にしたことで話題となりました。このような取り組みが拡大し定着するのか、注目されます。

5 アメリカドルと人民元

基軸通貨を巡る覇権争い

世界には国・地域の数だけ通貨の種類があると言っても過言ではありません。したがって多国間の貿易や投資の決済にそれぞれの通貨を用いていると大変な手間が掛かります。そこで、実際には「基軸通貨」と呼ばれる主要な通貨で決済されることがしばしばです。**「基軸通貨」とは世界的に決済に受け入れられる性質を持った通貨のことで、必要な条件として「世界的に流通量が多い」「通貨としての価値が安定している」「自由に取引される市場が世界各地にある」などを満たしている必要があります。**

基軸通貨として最もよく使われているのがアメリカのドルです。さまざまな通貨の為替レートを示す上でも、たとえば日本円であれば1ドル＝１００円といった具合に、米ドルを基準として各国の通貨の価値を示すのが一般的です。

基軸通貨を握ると、その国はあらゆる国との間で貿易や投資の決済を自国通貨で行うことができるのですから、まずもって便利ですし、また為替レートの変動のリスクを低減することができます。第二次世界大戦後、米国が世界随一の基軸通貨を発行する国として、長らくその地位を享受してきたのです。

日本における貿易取引通貨別比率（2021年上半期、%）

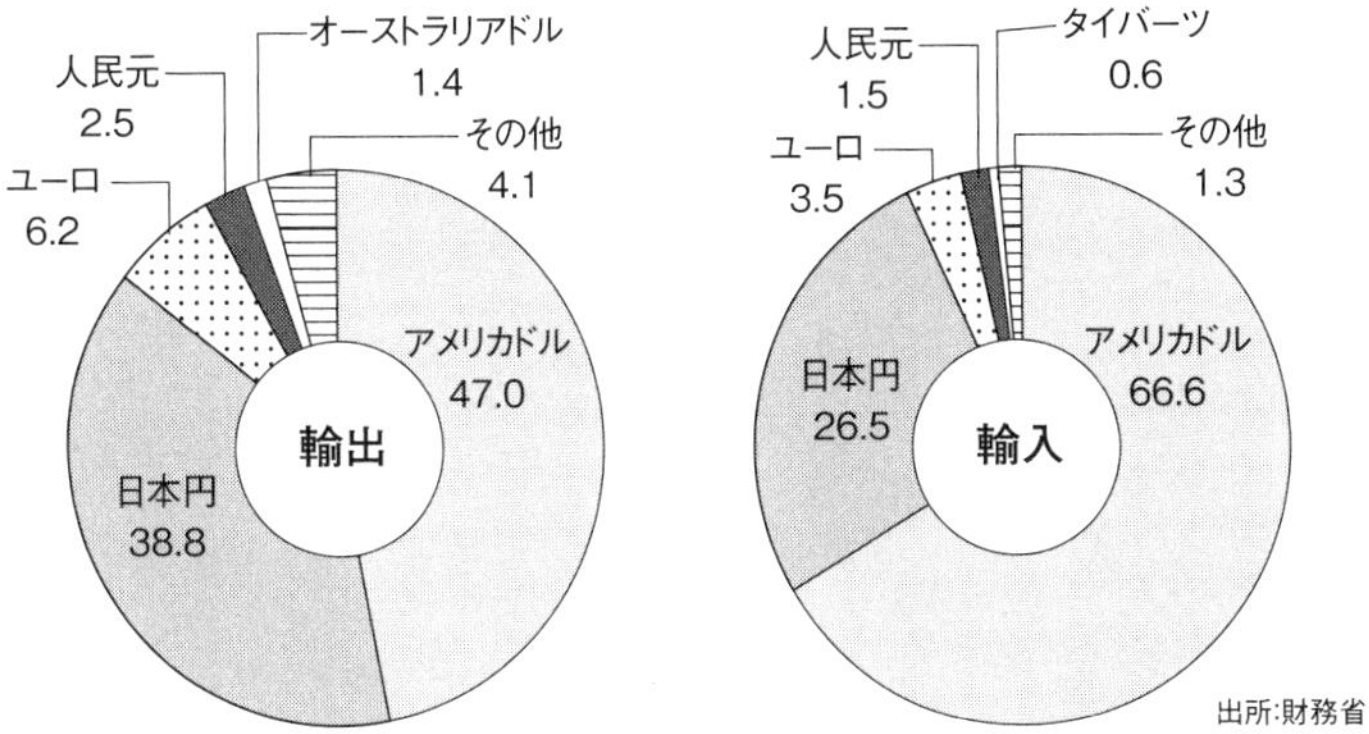

出所:財務省

　これに挑戦しようとしているのが中国です。**中国は「人民元の国際化」を図っており、その一環として暗号資産の技術を活用した「デジタル人民元」の構想を実現しようとしています。**「デジタル人民元」の実証実験はすでに中国国内の主要都市で実施されており、その実現に向けた技術開発はすでに完了した、と中国人民銀行は述べています。これが海外とのやりとりにも使われるようになって、その利便性が実証されれば、中国との経済関係が深い新興国などを中心に、人民元を利用して貿易や投資の決済が行われる事例が増える可能性があると指摘されています。

　もっとも現状では、国際的な決済において人民元が用いられる例はごくわずかにとどまっています。基軸通貨としてのアメリカドルの地位を人民元がおびやかす日が訪れるとしても、それは遠い将来のことになりそうです。

6 アメリカを襲った「サブプライムローン問題」

数年にわたって世界を苦しめた金融危機の影響

現在のアメリカ経済を語る上で、**「サブプライムローン問題」**の影響を避けて通ることはできません。サブプライムローンとは、信用力の相対的に低い個人（所得が低い、所得が不安定、過去に破産をしたことがある、などに該当する人）に対して、比較的高い金利で金融機関が貸し出す住宅ローンのことを指しています。サブプライムローンが一般的となった2003年頃は、好景気を背景にアメリカの住宅価格が上昇基調にあったため、借り手が返済できなくなっても、住宅を売却すれば貸付金を回収できる状況でした。金融機関もサブプライムローンの貸し付けを積極的に行うようになり、最初の数年間の返済額を軽くしてその後本格的な返済が始まる、といった貸し出しプランなどを設定して借り手を募りました。

しかし、2006年頃から住宅価格が伸び悩むようになり、かつローンの返済の負担額が増える時期にさしかかったため、サブプライムローンの貸し倒れが結果的に増えることとなりました。1980年代末に見られた日本のバブル経済（221ページ）も、値上がりすると期待されていた不動産を担保として金融機関が積極的に貸し出しを行ったことが発端となって発生しましたので、問題の発生メカニズムは似ていたといえます。

各国の住宅価格の推移（2000年第1四半期＝100）

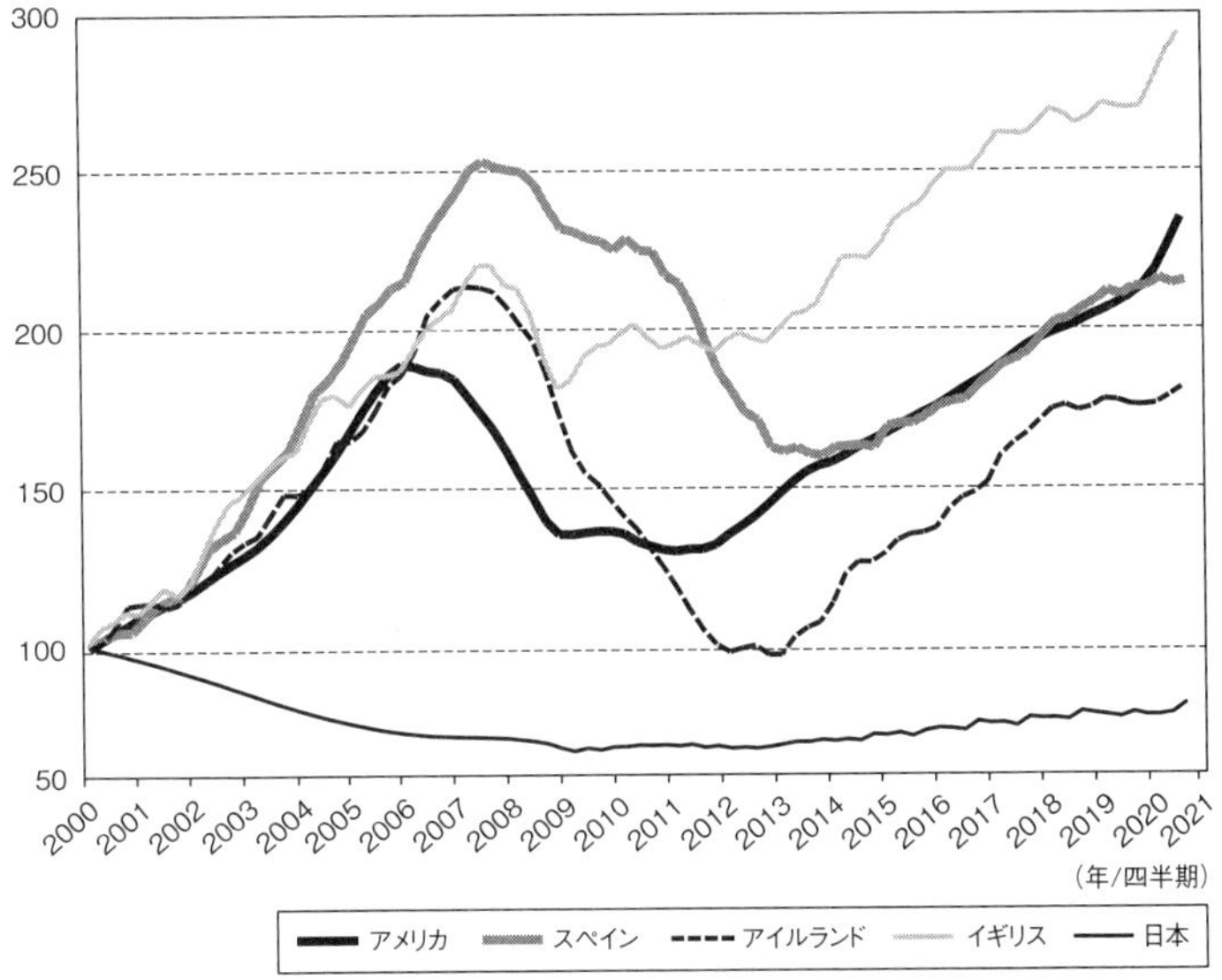

出所:国際決済銀行

サブプライムローン問題が世界に大きな影響を及ぼしたのは、民間の金融機関が貸し出した住宅ローン債権を、米国の住宅金融公庫（ファニーメイ、フレディマックなどが代表的です）が買い集めて証券化し、さらに別の投資家に売却する、という複雑な金融手法を通じて、不良債権が世界中に蔓延していたためです。その背景として、米国が1999年に銀行と証券会社の兼業を解禁する規制緩和が行われたことが指摘されます。

しかもこの時期、アメリカだけではなく、スペインやアイルランドなどの国でも信用力の低い個人に住宅ローンが貸し出され、住宅価格を押し上げる、ということが起こっていました。これらの国でもその後住宅価格は急速に下落し、住宅ローンを返せない借り手の例が相次ぎました。

こうして欧米の金融機関を中心に大きな損失が発生しました。とりわけ象徴的だったのは、米国の名門銀行であるリーマン・ブラザーズが2008年9月に破綻したことです（**リーマン・ショック**）。結局、欧米の金融機関は貸し出し意欲を減退させ、世界経済に甚大な影響が及びました。こうした一連の出来事は「金融危機」とも呼ばれます。

日本の金融機関はサブプライムローンに伴う直接的な損害をこうむったわけではありませんが、世界経済の冷え込みに伴って日本の経済も急速に悪化しました。輸出には急ブレーキがかかりましたし、グローバル企業の撤退や縮小が相次いだことから国内の不動産市場も著しい冷え込みを見せたのです。

サブプライムローン問題

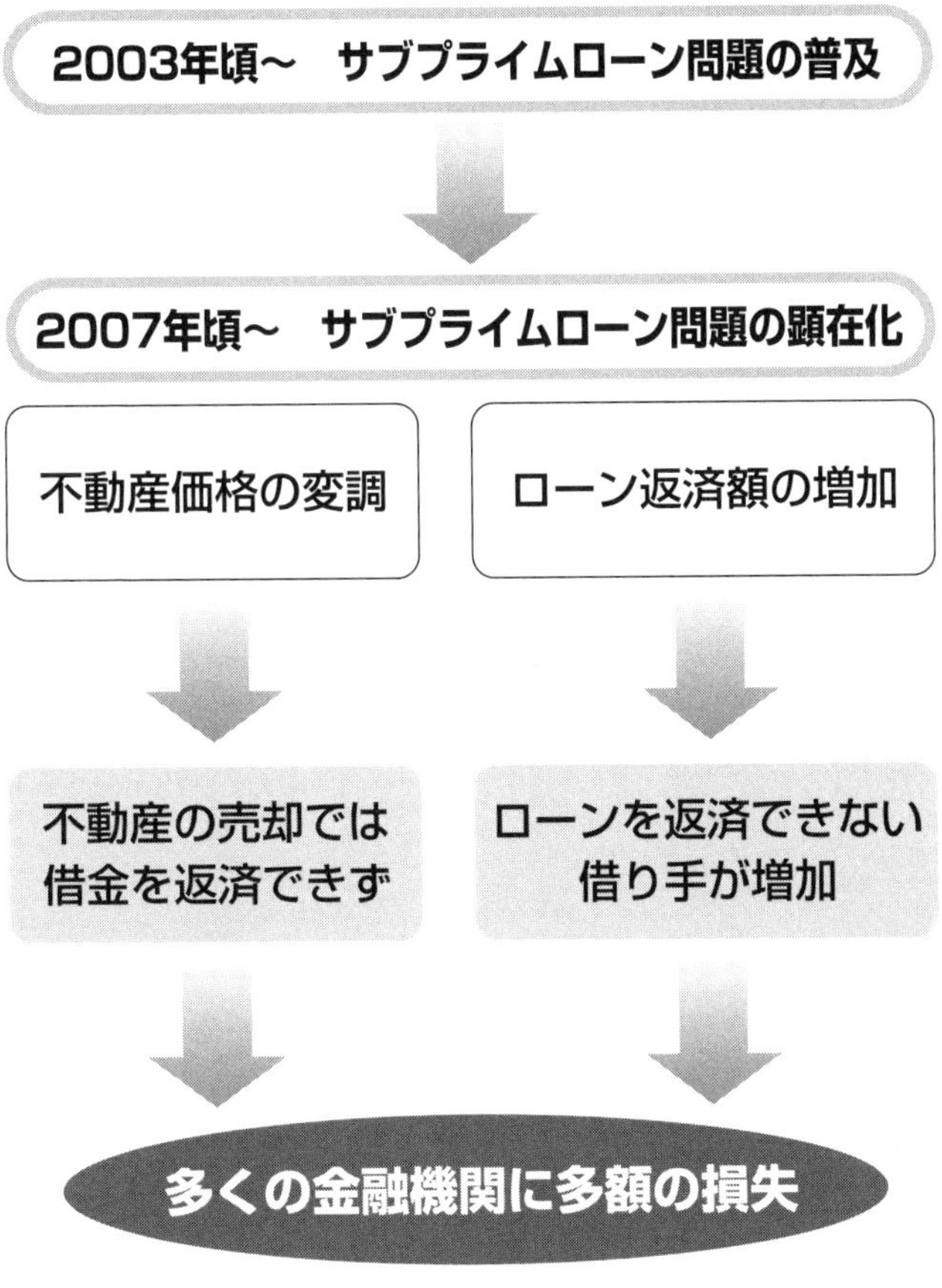
2003年頃～　サブプライムローン問題の普及
2007年頃～　サブプライムローン問題の顕在化
不動産価格の変調
ローン返済額の増加
不動産の売却では
借金を返済できず
ローンを返済できない
借り手が増加
多くの金融機関に多額の損失

7 イギリスのEU離脱

経済統合と国家の主権のはざまで

ＥＵ（欧州連合）はその名のとおりヨーロッパ各国の国家連合です。１９６７年に発足したＥＣ（欧州共同体）を発展させるかたちで１９９３年に発足しました。ベルギーの首都ブリュッセルに本部が設置されており、２０２１年９月現在で27カ国が加盟しています。現在、モンテネグロ、セルビア、アルバニア、北マケドニアの各国がＥＵと加盟交渉を行っています。一方、トルコとの交渉は事実上停止しており、アイスランドも２０１５年に加盟交渉を打ち切りました。**そして2020年1月末、イギリスが正式にＥＵを離脱しました。**

ＥＵは経済、政治、軍事といったあらゆる分野でヨーロッパ各国の統合を目指しています。統一通貨**ユーロ**の流通は、経済分野での統合の一環と言えます。また、人の移動に関して、ＥＵ非加盟国を含むシェンゲン協定締結国（26カ国）間での出入国審査が廃止されています。ＥＵ域内では国境を跨いだモノの移動に関税を課せられることもありません。現在では文字通り「ヒト・モノ・カネ」が自由に行き交うようになっているのです。

既にＥＵは一つのまとまった経済圏として、世界経済に大きな影響を与える存在となっています。ＥＵの人口は4億人以上、世界ＧＤＰの約15％を占めています。

ＥＵはそのまとまりを維持するため、加盟国にさまざまな義務を課したり、加盟国一律で統一的な規定を敷いたりしています。それは時として、加盟国の国民の目に「主権侵害」として映ることにもなりかねません。**特にその問題が意識されるのは、財政、域外との通商交渉、そして移民の問題です。これらの問題がイギリスのＥＵ離脱の根底にありました。**

財政面では、ＥＵは加盟国に対して、「財政赤字をＧＤＰ比３％以下、政府債務残高をＧＤＰ比60％以下」に抑制することを義務づけています。コロナ禍を受けてＥＵは一時的にこの規約を緩和しましたが、通常は加盟国が単独の判断で柔軟に財政赤字を拡大する、といったことはできません。

域外との通商関係は、ＥＵが一体となって構築することになっています。加盟国が単独で域外の国と通商交渉を行って、独自の関税を定める、といったことはできません。

また２０１０年代の半ば以降、シリアや北アフリカから、自国の政情不安を逃れるために大量の移民が欧州に押し寄せるようになりました。ＥＵ域内はヒトの移動が自由ですから、シリアや北アフリカに近いギリシャやイタリア、あるいは人道支援に熱心なドイツ等が一旦移民を受け入れてしまえば、いずれ他の国にもそのような人々が移り住むことになりかねません。イギリスにおいても、そうした移民がいずれ自分たちの雇用を脅かしたり治安を悪化させたりするのではないか、という懸念が広がり、多くのイギリス人がＥＵの離脱を支持する動機になったと考えられます。

8 欧州債務危機とは何だったのか？

ギリシャに端を発するソブリン・リスクの問題

２０１０年から２０１２年頃にかけて、ＥＵの中で経済状況の悪かった国々（特にＰＩＩＧＳ諸国＝ポルトガル、アイルランド、イタリア、ギリシャ、スペイン）の財政状態に対するリスク（**ソブリン・リスク**）が顕在化し、これらの国が発行する国債が暴落しました。これを欧州債務危機と呼んでいます。

きっかけは２００９年のギリシャの政権交代でした。前のページに紹介したとおり、ＥＵ諸国は財政赤字や政府債務残高に一定の制約を受けています。ところがギリシャの新政権の発足によって、ギリシャの財政赤字が10％を超えていることが明らかとなりました。それまでの**ギリシャ政府は、実際よりも財政状態を良く見せるために粉飾決算に手を染めていた**のです。

金融危機の記憶もまだ新しい世界の投資家は、この事件に敏感に反応しました。事件の発端となったギリシャはもちろん、その他のＰＩＩＧＳ諸国にまで不信の目が広がり、国債が売られる事態に至ったのです。これらの国では新しく国債を発行することが困難となることから、財政のやりくりに問題が生じると見込まれ、緊縮財政を余儀なくされた結果、景気が著しく悪化したのです。

２０１２年9月になって、ＥＣＢ（欧州中央銀行）が「ユーロ加盟国の国債を無制限に買い取る用意がある」と宣言しました。また、ユーロ加盟国の金融支援を行う主体として欧州安定メカニズム（ＥＳＭ）が２０１２年10月に発足し、この問題はとりあえずの終息に至りました。

この問題は各国の経済を痛めつけたにとどまらず、ユーロ圏が抱える潜在的な問題も浮き彫りにしました。

変動相場制のもとでは、経済の弱い国の国債が外国人投資家によって売られると、その国の通貨安が引き起こされ、いずれそれらの国の輸出競争力が高まって景気の押し上げ要因になる、という調整メカニズムが働くはずです。しかしユーロという単一の通貨を採用するこれらの国に、そのようなメカニズムは機能することはありませんでした。

また、ＥＣＢによる国債の買い入れ策に依拠すれば、万一国債が支払い不能（**デフォルト**）を起こした場合、その損失をユーロ加盟国が公的に負担することになります。これは財政の健全化に対する各国の努力を削ぐのではないか、として、この解決策にはドイツなどの諸国が強硬に反対しました。このように、財政に対する各国間の立場の違いによる対立も明確化したのです。

9 エネルギーの安定確保と脱炭素社会への移行

将来どのようなエネルギー源を用いるべきか、議論は尽きない

世界のエネルギー消費量は年々増大しています。国別エネルギー消費量のランキング（2020年）を見ると、日本は中国、アメリカ、インド、ロシアに続いて世界第5位となっています。**日本はアフリカ諸国の合計に匹敵するほどのエネルギーを使っている**のです。

エネルギー資源に乏しく、エネルギー資源のほとんどを海外からの輸入に頼らざるを得ない日本は、世界的なエネルギー需要の増大によってその安定的な調達がおびやかされかねません。万が一にも、日本が世界のエネルギー資源市場で必要な量を確保できない、いわば「買い負ける」ことが現実となれば、日本の産業が大きなダメージを受けるのみならず、大量のエネルギーを消費している私たちの日々の生活もおびやかされるでしょう。

そして旧来のエネルギー資源を利用する際には、二酸化炭素をはじめとする温室効果ガスが発生します。地球温暖化やそれに起因する気候変動への対処は、人類の存続にかかわる課題です。日本も温室効果ガスの削減に対する国際的な努力の中で責任を果たすべく、2020年10月に菅首相（当時）は**「2050年までに温室効果ガスの排出を実質的にゼロにする」と宣言しました。**

国別エネルギー消費量のランキング（2020年）

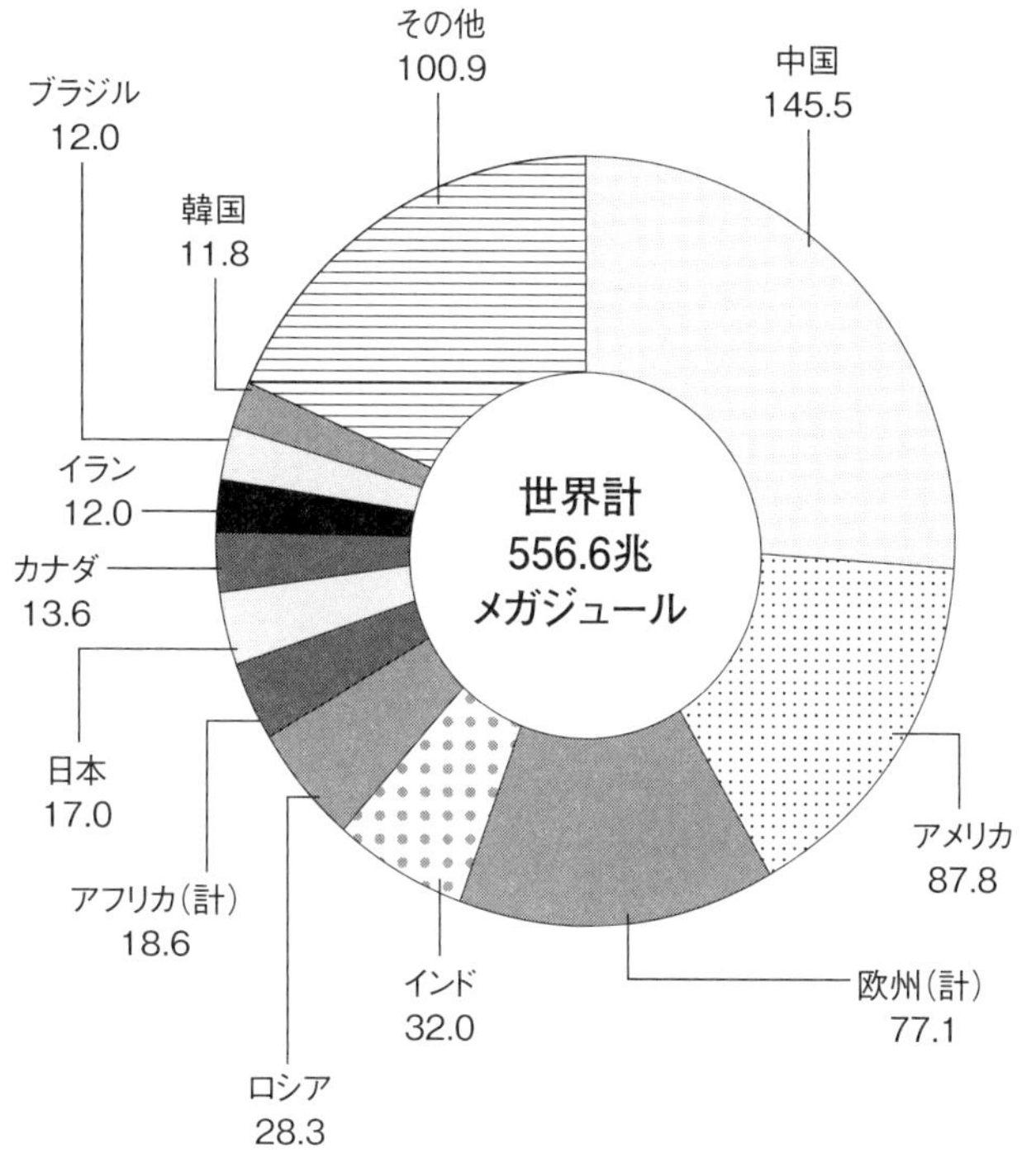

出所:BP "Statistical Review of World Energy 2021"

このような背景のもと、新しいエネルギー源として、いわゆる**再生可能エネルギーにますます注目が集まっています。**

2012年、再生可能エネルギー（太陽光、風力、地熱など）で発電された電気を一定の価格で電力会社が買い取ることを国が約束する制度である「固定価格買取制度」がスタートしました。再生可能エネルギー発電事業者にとっては、この制度によって一定期間の電気の販売価格を保障されることになりますから、発電施設への設備投資がしやすくなります。したがって再生可能エネルギーによる発電施設の普及の一助となっています。一般の住宅における太陽光発電設備の普及も進んでいます。

しかしながら、**その買い取りの原資は、私たちが支払う電気料金に上乗せされる「再生可能エネルギー発電促進賦課金」です。**この単価は年々上昇しており、2021年度は一般家庭の想定で年額1万0476円の負担になる、と経済産業省は試算しています。いまや日本においても、再生可能エネルギーの普及のための国民負担は無視できない水準になっています。

昨今は、傾斜地に設けられた大規模な太陽光発電施設が土砂災害の遠因になっているのではないか、という議論も聞かれます。またエネルギー源としてどの程度原子力を使うべきか、についても広く国内の合意が形成されているとは言い難い状況です。このような状況下で将来にわたってどのようにエネルギーを賄《まかな》うかを見定めることは困難ではありますが、それでも決して避けて通ることのできない課題であることに変わりはありません。

原油および液化天然ガス（LNG）の輸入量および輸入単価

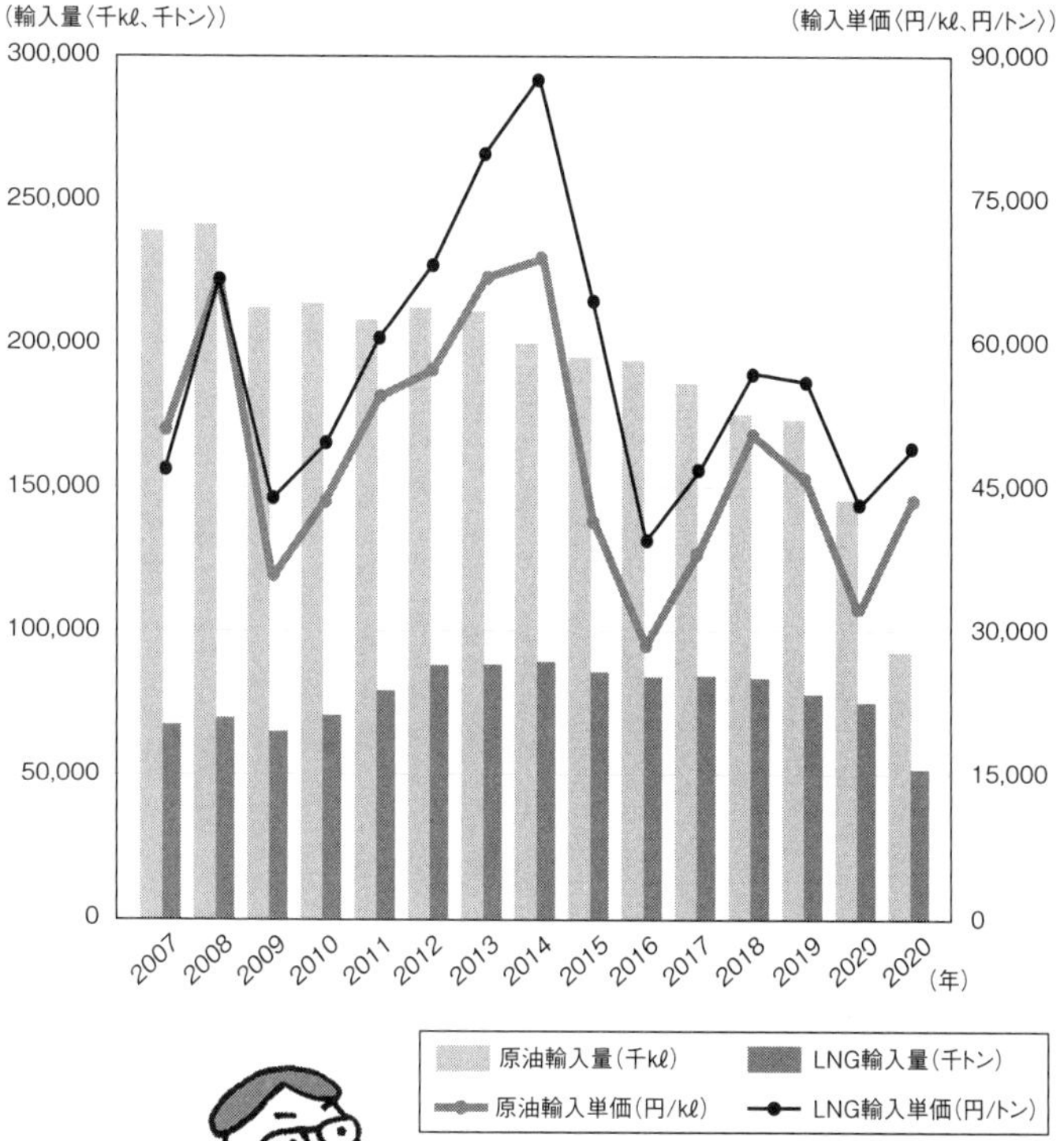

注:2021年は8月まで。
出所:財務省「貿易統計」

10 ESG投資の拡大

企業経営において実現が期待される理念

旧来の企業経営においては、しばしば資産・負債や収益・費用などの財務情報だけが考慮されていました。しかし企業が将来にわたって存続し安定的収益を上げていくためには、これに加えて環境（Environment）、社会（Social）、ガバナンス（Governance）の要素を考慮しなければならない、という理解が徐々に高まっています。これらの要素の頭文字をとって、**「ESG投資」「ESG経営」**などと呼ばれています。

環境問題を軽視する企業は、将来気候変動リスクに対処できなくなるかもしれません。従業員や取引先を不当に扱う企業は、社会からの信用を失うことでしょう。企業内部での意思決定プロセスに不備のある企業は、重要な経営判断を誤りかねません。このように、**ESGを企業経営に組み込むことは、単なる慈善活動のようなものでは決してなく、むしろ企業活動にとって重要な指針となっている**のです。

国連は2006年に「国連責任投資原則（PRI）」を提唱しました。これは世界の機関投資家に対して、ESGの視点を投資に組み入れるよう働きかけるものです。これに対する賛同は年々広がっており、いまやPRIに賛同する投資家による資産運用残高は、全世

責任投資原則の署名機関数とその資産運用残高

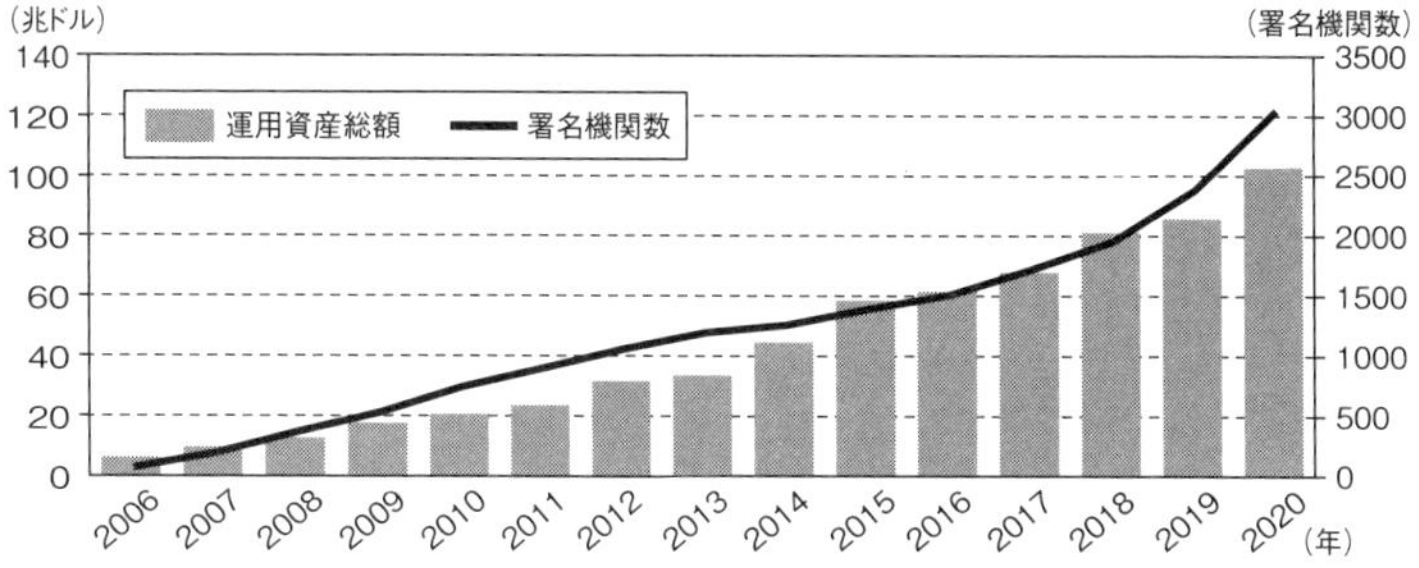

注:毎年3月末時点。2014年以前の運用資産総額には二重計上を含む可能性がある。
出所:国連責任投資原則ウェブサイト

界で100兆ドルを超えています。

また「ESG報告書」のような形で、率先して自社のESGに対する取り組みを社内外にアピールする企業も増えています。もっとも、ESGに対する開示の枠組みが統一されていないことから、複数の企業のESGの取り組みを相互に比較する、ということは容易ではありません。現在、開示の枠組みの統一に向けた国際的な取り組みが進んでおり、今後はESGに関する情報開示の質も高まっていくものと期待されます。

なおESGに関する企業の情報開示のうち、E(環境)に関連する気候変動の分野においてその取り組みが先行しています。日本の金融庁は、上場企業などに対して、従来の財務情報に加えて、気候変動に関するリスクの開示を義務づける方向で検討している、と報じられています。今後ますます、企業の経営状態を判断する上でESGの要素が重視されることになるでしょう。

11 自由な貿易の確保を目指した各国の取り組み

グローバルな貿易協定の枠組みから二国間・地域内連携へ

1930年代から第二次世界大戦にかけて、高い輸入関税（輸入時に課される税金）を掛けたり、貿易品の数量自体を制限したりすることによって、貿易を制限する政策が多くの国で見られました。

これは、低価格の輸入品によって国内市場が満たされ、国内産業の発展が阻害されるという事態を懸念したものです。また、関係の深い特定の国とばかり貿易を行うというような政策も見られました（これを「ブロック経済化」と呼びます）。

この結果として世界的な貿易は停滞し、地域間の経済的な交流も限定的なものになりました。世界経済の混乱や、それに続いて起こった第二次世界大戦の一因として、こうした貿易の停滞を指摘する意見もあります。

この反省に立って第二次世界大戦後は、貿易に関する国際的な枠組みとしてGATT（ガット／関税及び貿易に関する一般協定）が締結され、自由貿易を目指して国際的な協議が行われてきました。このGATTを前身として、自由貿易を世界的に推進する国際機関である世界貿易機関（WTO）が1995年に発足し、現在に至っています。

GATTからWTOへの流れの中で、世界各国間の関税はかなり引き下げられてきました。現在までの間、WTOでは貿易の障害となる各国の諸制度を除去すべく検討・交渉が行われ、国際貿易のさらなる促進が目指されてきたところです。もっとも、近年ではWTOでの実質的な交渉は進んでいません。WTOの枠組みは全加盟国に同じ条件を求めるため、国ごとの利害対立が生じやすいことに起因しています。

このような中、特に結びつきの強い国同士でより自由に貿易を行える関係をつくろうとする自由貿易協定（Free Trade Agreement、**FTA**）や、貿易のみならず投資や人的交流、技術交流も積極的に推進しようとする経済連携協定（Economic Partnership Agreement、**EPA**）といった二国間協定（または地域内協定）を締結しようとする動きが各地で加速しています。これらの協定では当事国の事情に応じて条件を調整できるため、WTOでの規定よりも柔軟に経済的なつながりを確保しやすいという利点があります。とはいえ、二国間協定や地域内協定は相手国ごとに交渉しなければならずしばしば煩雑ですし、「ブロック経済化」を招かないように一定の制限も課されています。

日本を含む11カ国で締結された**「環太平洋パートナーシップ（TPP）協定」**は、まさに地域内連携協定の一種です。日本はTPP加盟国以外との間でも、日EU・EPA、日米貿易協定、日英・EPA、などが発効済みですし、日中韓・FTAなども交渉中の状況にあります。

12 日本型雇用と格差社会

雇用形態による格差が注目されている

「二極化」「勝ち組・負け組」「格差社会」といった言葉を新聞紙面等で見かけることは、もはや珍しくありません。日本における格差の問題は、「少数の人だけが豊か」というよりは、とりわけ「所得の低い人が多い」という現象として現れています。これを示すのが**「相対的貧困率」**という指標です。これは、一定基準を下回る可処分所得しか得られていない人の割合を意味しています。ここでいう「一定基準」とは、世帯の可処分所得の中央値（全世帯の所得を大小順に並べたときに、ちょうど真ん中の値）の半分の額と定められています。

OECDの2018年のデータによると、調査対象28カ国のうち、日本の相対的貧困率は6位でした。先進国の中で比較すれば、日本はとても「一億総中流」の状況とはいえません。

戦後の日本では「日本型雇用」と呼ばれる雇用環境が定着していました。これは「新卒一括採用」「年功序列型賃金」などを特徴とする雇用慣行です。従業員としては一旦正社員になれば退職までの生活設計を安定したものとできますし、また企業としては従業員が長く働いてくれることから社内の教育・研修・訓練などに安心して投資することができました。

その後バブル崩壊を経て、企業は人員の過剰にさいなまれるようになりました。企業は景気の変動による人員の増減に柔軟に対処できるよう、現在までの間に非正規社員の活用を推し進めてきた実態があります。

政府は「同一労働・同一賃金」の理念のもと、非正規社員と正規社員の間の不当な賃金格差をなくすことを目指しています。しかし現状では、実際にその格差は小さくありません。厚生労働省の「賃金構造基本統計調査」（２０２０年）を用いて、一例として30～34歳で比較すると、正社員・正職員の月給（所定内給与）は男性で29・5万円、女性で25・8万円でした。その一方、正社員・正職員でない人は、男性で22・3万円、女性で19・5万円でした。男女とも正社員・正職員の4分の3程度にしかすぎません。

日本では一度非正規社員になると正社員として採用されにくいという実態があり、それが所得格差を固定化していくと考えられています。働いても「負け組」から「勝ち組」に上がれないどころか、どんどんと「勝ち組」「負け組」の差が開いていくという現象が起こっているのです。

OECD諸国の相対的貧困率ランキング（2018年）

1	ラトビア	0.175
2	イスラエル	0.169
3	韓国	0.167
4	エストニア	0.163
5	メキシコ	0.159
6	日本	0.157
26	アイルランド	0.074
27	フィンランド	0.065
28	チェコ	0.061

出所：経済協力開発機構（OECD）

13 アフター・コロナの都市のあり方

都市の必要性は薄れていくのか？

コロナ禍は私たちの生活を大きく変化させています。とりわけ、オフィスで働く人たちを中心にテレワークが急速に普及したことが、私たちの社会を大きく変えたのではないでしょうか。

実は日本政府はコロナ禍前からテレワークの普及促進を推し進めていました。2013年6月に政府が定めた「世界最先端ＩＴ国家創造宣言」には、テレワークによってワーク・ライフ・バランスを実現するために、テレワークの導入企業を増やすこと等がうたわれています。そしてコロナ禍がテレワークを否応なく推し進めた2020年以降、多くの人がテレワークによってワーク・ライフ・バランスの改善を図ることができた、と手応えを感じたはずです。

それでは今後、テレワークはますます普及していくのでしょうか。さらには企業が多数集積する「都市」の存在は不要になっていくのでしょうか。

これを考えるため、そもそもなぜ企業はこれまで、高い賃料を払ってまで都市にオフィスを構えようとしてきたのかを振り返ってみましょう。都市経済学の教科書ではその原理を**「集**

積の外部性」と呼んでいます。企業は「たくさんの企業がオフィスを構えている場所に、自分の会社もオフィスを構えたい」と考える傾向がある、という意味合いです。

その要因は三つに大別されます。一つ目の要因は**「シェアリング」**です。多くの企業が存在するということは、その中から自社の経営に必要となるバラエティ豊かなサービスを獲得しやすい、ということにつながりますし、逆にそのようにバラエティ豊かなサービスが存在するということは、自社を含め顧客となる企業が多ければこそ、ということになります。

二つ目の要因が**「マッチング」**です。企業同士の関係性を構築したり、顧客との接点を設けたりするためには、たくさんの人と出会いやすいということが鍵になります。

三つ目の要因が**「ラーニング」**です。企業内外におけるさまざまな知識、技能、ノウハウ等の中には、人と人とが面と向かって会うことによってのみ伝達しうるものが存在します。

さて、テレワークの普及によって「企業が都市に集まる理由」は消滅する方向にあるのでしょうか。おそらく今後、「どのような業務がテレワークで置き換え可能なのか」という企業経営上の判断と、テレワークを実践することによる従業員側のメリットを比較考量しながら、企業はどこにどのような機能をもったオフィスを構えるのかを再検討していくことになるのでしょう。

ちなみに都市経済学では、「集積の外部性」が存在しない経済のことを仮想的に**「裏庭経済」**と呼んでいます。これはすべての人が自分の家の裏庭で必要なモノを自給自足する世の中、というイメージです。現代の経済が高度な分業によって成立している、という事実には揺るぎはなく、したがって**どれほどテレワークが普及しようとも、企業がお互いに集まって立地したがるという傾向が完全に消滅するとは考えられません。**

コラム①

バブル経済とは何だったのか？

株式と土地が値上がりを続け、やがて暴落した

ここでは、本書で紹介した知識を生かしてケース・スタディを行いましょう。題材としてバブル経済を取り上げます。

１９８０年代後半の日本を沸かせた「バブル経済」とは、株式や土地といった資産が本来の価値（その資産から得られる収益に基づいた価格）を大きく超過して値上がりした「資産インフレ」状態のことを指しています。

当時の日本では「財テク」ブームが持ち上がり、株式や土地の値上がりに期待し、その恩恵にあずかろうとする企業や家計の間で投資への意欲が過熱しました。

「株式や土地の値段が上がる」という期待が過剰に高まると、株や土地への需要がさらに高まり、実際にそれらの価格が急上昇します。

こうした過剰な資産インフレが「バブル経済」の正体でした。しばしば「バブル経済」は東京株式市場の日経平均株価の高騰に象徴されます。１９８９年12月29日には、日経平均株価は史上最高値を更新する３万８９１５円をつけて年内の取引を終了しました。

資産価格の推移

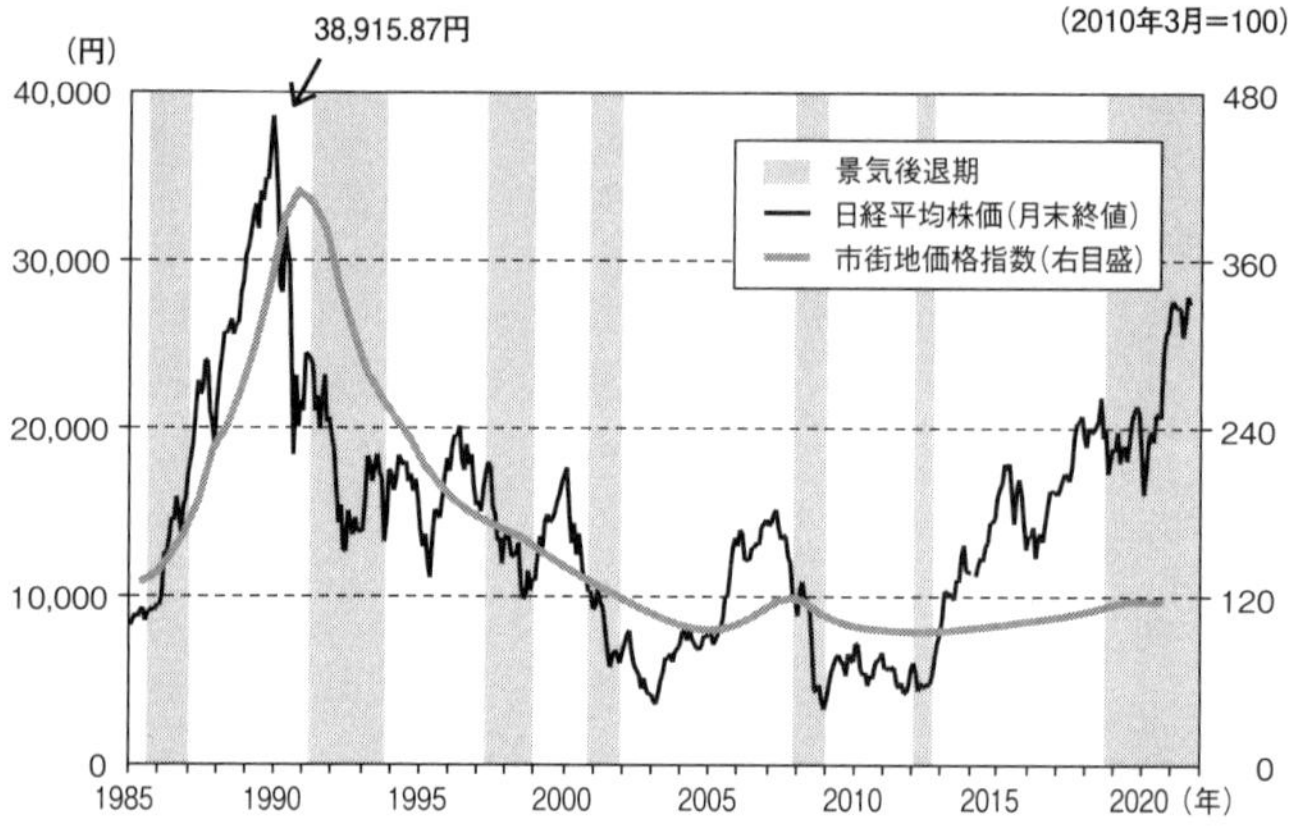

出所:日本経済新聞社、日本不動産研究所
注:市街地価格指数は六大都市の全用途平均。

しかし、翌90年から、株価は長い下落の道をたどることになります。日経平均株価が史上最高値を更新することはもはやなく、土地の値段も株価と歩調を合わせるように急速に下落していきました。

日本不動産研究所が発表する市街地価格指数で見ると、たとえば六大都市の地価は1990年の秋をピークとして下落に転じ、その後2005年の春まで下落し続けました。これが「バブル経済」の崩壊です。

金融の引き締めによって資金が株式市場や土地市場に流れなくなったことと、土地への課税が強化されて土地の保有が不利になったことなどが原因とされています。

いったん「株式や土地の値段が上がる」という期待が崩れると、保有している株式や土地を値段が高いうちに売ろうとする動きが強まり、その結果として価格が下落の勢いを増すことになったのです。

「バブル経済」の崩壊によって、土地や株式への投資から多大な収益を得ていた企業や家計の一部は一転して大きな損失をこうむり、消費に対する意欲は急速に衰えました。

また、土地の価値を担保として企業や家計に融資をしていた金融機関では、その貸付金の多くが回収できる見込みのない不良債権となってしまい、それが原因で経営の体力を失うことになりました。

90年代以降、バブル崩壊後の深刻な不況の時期を指して、「失われた10年」と呼ぶことがあります。

既に述べた「三つの過剰」（110ページ）、すなわち、バブル期に企業が抱え込んだ過剰な「労働力」「債務」「生産設備」を整理・合理化するために、10年以上の歳月を費やすことになったのです。

コラム②

気候変動と不動産市場

浸水被害を受けた地域で観察された地価の下落

ここ数年、世界各地で異常気象が相次いでおり、それに起因する山火事や高潮などが人々の暮らしや財産をおびやかしています。212ページで示したとおり、昨今ESG投資が急速に普及しているのは、気候変動の問題を放置すると企業の存続がおびやかされるという現実的な恐怖が高まっていることにも理由があると考えられます。日本における異常気象はしばしば豪雨として現れ、それは水害や土砂災害を引き起こします。近年は毎年のように日本のどこかで大規模な水害や土砂災害が生じるようになりました。

このような認識は不動産市場にも大きな影響を与えています。国土交通省が公表する「地価公示」によると、水害を受けた地域においては、その年の地価が急激に下落する、という現象が観察されます。

2018年に発生した「平成30年7月豪雨」では西日本を中心に広域的に河川の氾濫が発生しました。特に被害が大きかった岡山県倉敷市や総社市を例にとると、

浸水被害がもたらす地価下落の例

平成30年7月豪雨による浸水地域の地価変動率

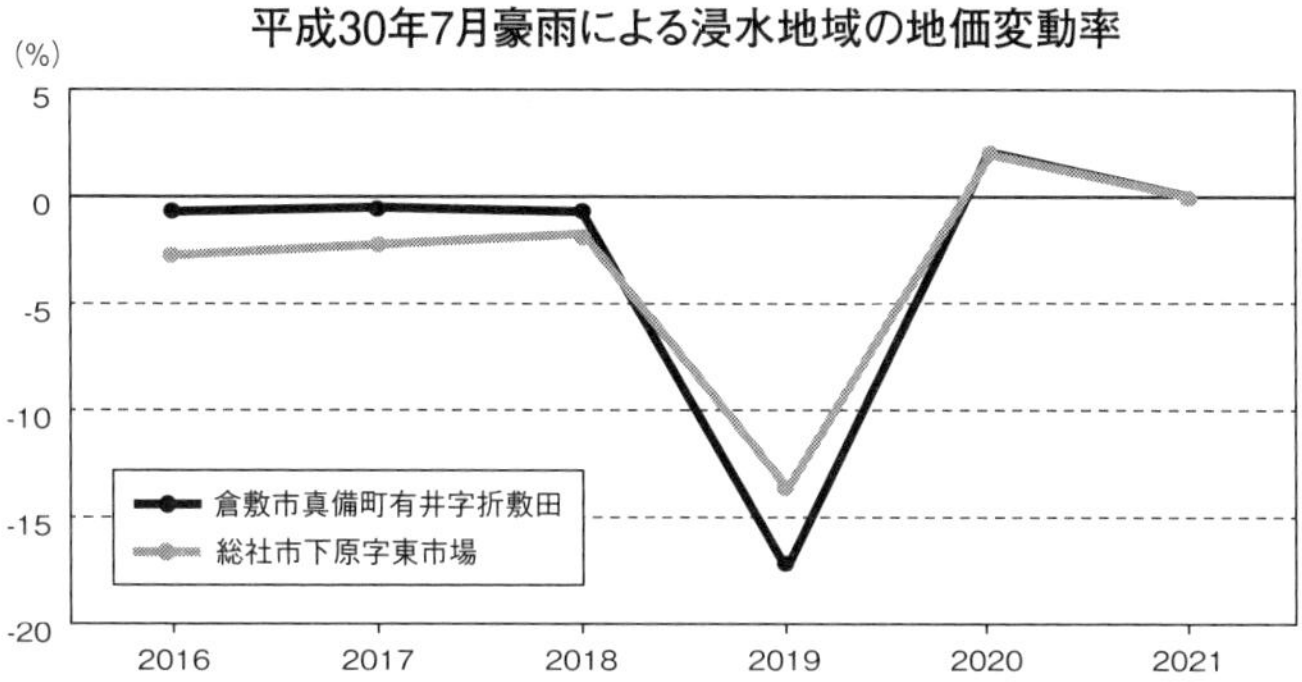

令和元年東日本台風による浸水地域の地価変動率

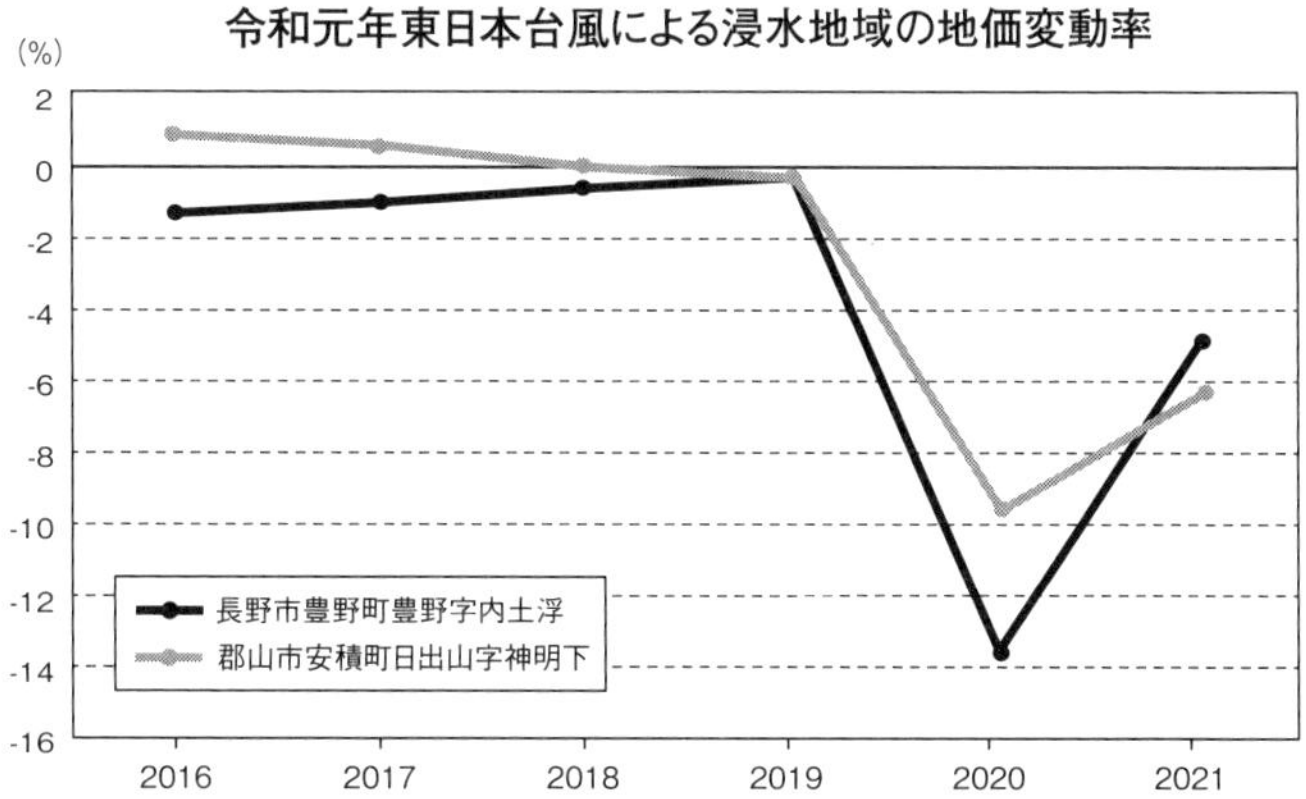

注:各年の前年1月1日から当年1月1日までの地価変動率。

出所:国土交通省

2019年の地価公示で大きなマイナスを記録しました。

同様に2019年の「令和元年東日本台風」はその通り道となった東日本の各地で被害をもたらしました。浸水被害のあった長野県長野市や福島県郡山市などでは、やはり翌年の地価公示で急激に地価が下落する地点が見られました。

既に各自治体が「浸水ハザードマップ」を作成することが義務づけられており、また津波や土砂災害のハザードマップを整備する自治体も増えてきました。このような情報を活用して災害リスクを把握することはもはや難しくはありません。今後は災害リスクに対する認識が不動産市場を介して私たちの住む街や都市のあり方を変化させていくことでしょう。

コラム③

現代の経済学①アダム・スミスからケインズへ

市場の役割と政府の役割を巡る論争

ここで、現代に至る経済学の流れを見ていくことにしましょう。経済学のルーツは18世紀のイギリスに見ることができます。ここでの重要人物は、「経済学の父」と呼ばれるアダム・スミスです。

彼は、その著書『国富論』において「個人が利己的に自由な経済活動を行うと、あたかも神の手に導かれるように市場の価格調整機能が働き、社会全体を効率的にする」と主張しました。それまでは国家が植民地経営と貿易を中心とした経済活動を統括する「重商主義」が全盛だったのに対し、アダム・スミスは「神の見えざる手」が作用すると指摘し、経済における政府の介入を批判したのです。

この考えは古典派経済学、新古典派経済学として現代にも受け継がれ、産業革命以降の人々の暮らしを豊かにする理論的な支柱となりました。現代においても、市場経済（70ページ）を重視する考え方の背景には、この「神の見えざる手」があります。

しかし、1929年の世界恐慌により、「神の見えざる手」の限界が明らかになりました。

不況で先行きに対する不安が強い状況では、家計や企業が自己防衛に走ってそれぞれ消費や投資を絞り込み、それによってますます景気が悪くなるという悪循環に陥ってしまったのです。

ここで、新たな経済学を唱えたのがケインズです。彼はアダム・スミスとは逆に、政府による経済政策、とりわけ財政政策による経済の調整の有用性を積極的に認めました。

すなわち、「合成の誤謬」（82ページ）によって激しくなりがちな景気循環（44ページ）を、財政政策によって緩和できると考えたのです。

具体的には、優秀なスタッフをそろえた政府が市場に介入し、不況期には萎縮《いしゅく》する民間の消費・投資（民間需要）を補うように、逆に好況期には過熱しがちな民間需要を抑えるように財政支出を調整することによって、安定的な経済成長を実現できると主張しました。

この考え方は、当時アメリカで行われていたニューディール政策を理論面から支え、不況脱出に寄与したと言われています。

そして、ケインズの理論は同じ考え方を取る学者たち（ケインズ学派）によって分析が進められ、今日のマクロ経済学のベースにもなっています。不況期の景気対策として公共事業を行う（87ページ）のは、こうした考え方を背景としているのです。

アダム・スミス

神の見えざる手

個人が自由な経済活動を行うと、神の手に導かれるように市場の価格調整機能が働き、社会全体を豊かにする

↓

1929年　世界大恐慌 → 「神の見えざる手」に限界

→ 打開

ジョン・メイナード・ケインズ

ケインズ経済学

現在のマクロ経済学のベース。不況期に公共事業を増やすことで社会に仕事が増え失業率が減り、景気が回復する

↓

ニューディール政策

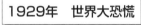

コラム④

現代の経済学②サミュエルソンとフリードマン

「小さな政府」の議論へ

時代は進み、第二次世界大戦後もさまざまな学派が登場しました。ここでも、政府の役割に対する考え方を一つの軸として、論争が繰り広げられました。

たとえば、サミュエルソンによってケインズの理論と新古典派経済学を融合させた「新古典派総合」という学派が生まれました。彼の考えは個々の市場における価格の調整機能を重視しつつも、ケインズが主張したように政府による財政政策が経済全体の調整に果たす役割を積極的に認めるものでした。

つまり、ミクロの視点では（新）古典派に近く、マクロの視点ではケインズ学派に近いと言えます。前項で説明したように、ケインズが不況に際して見いだした問題は需要不足であり、新古典派総合でもこの視点を継承しています。

このため、政府が財政支出を拡大するという処方箋《せん》が、不況時には示されます。ここで注意すべき点としては、物価の状況があります。インフレの項（106ページ）で説明したように、ディマンド・プル型（106ページ）のインフレは一般的には不況では起こりません。

このため、政府が財政支出を拡大するという形で介入しても、物価に及ぼす影響は大して心配する必要はない、と考えられてきたのです。しかし、1970年代に見られた現象はスタグフレーション（106ページ）でした。ここでもし、新古典派総合の処方箋のように政府が財政支出を拡大してしまうと、（その分、需要が増えるわけですから需要面からのインフレ圧力が強まり）ますますインフレを昂進《こうしん》させてしまいかねません。かといって（財政支出の削減などを行って）インフレを抑えようとすると、それがさらに深刻な不況の引き金となってしまうおそれもあります。

つまり、新古典派総合はスタグフレーションという想定外の出来事には手も足も出ず、有効な対策を示すことができなかったのです。

この後、新古典派総合に取って代わる形で脚光を浴びたのは、フリードマンによるマネタリズムです。それは、長期的には実体経済（経済成長）と物価は独立して動くものであり、金融政策（88ページ）を通じてマネーストックを、ひいては物価をコントロールできるとする理論でした。この考え方に基づいて実際に金融引き締めが行われたことが、スタグフレーションからの脱却に寄与したと言われています。

一方で、フリードマンはケインズが唱えたような実体経済への政府の介入、たとえば不況期の公共投資などを明確に否定しました。これは、政府の介入がしばしば政治的動機に基づいて行われ、「政府の失敗」が生じて「市場の失敗」をより深刻化させると考えたためです。

これは（新）古典派の考え方を継承するもので、政府の役割を限定的にとらえる「小さな政府」という考え方の背景となっています。1980年代にイギリスで推進された「サッチャー改革」などはこの理論をベースにしています。また、21世紀に入ってからの日本でもこの方向性に沿った改革が進められ、さまざまな規制改革や特殊法人の整理統合・民営化が行われました。現在では「新自由主義」などとも呼ばれています。

その後も、社会保障やインフラなども含めて政府の役割を縮小して市場の機能を拡大すべきとする論者がいる一方で、「新自由主義」後の日本で格差が拡大していることを重視し政府の役割を積極的に見直そうとする論者もいる、という状況になっています。

ちなみに、ノーベル経済学賞の授与は1969年から始まり、1970年にはサミュエルソンが、また1976年にはフリードマンが、それぞれ同賞を受賞しました。

ポール・サミュエルソン

新古典派総合

ケインズ経済学と新古典派経済学を融合

スタグフレーションに効果的な対策が打てず批判される

打開

ミルトン・フリードマン

マネタリズム

貨幣量の調整で物価をコントロールする理論

小さな政府

景気の調整に対する政府の役割を否定した

【な行】

【は行】

【さ行】

用語索引

凡例
●数ページにわたって記述される用語については、おおよその範囲をページ数で示している。
●頻出する用語については、中心的に解説されているページをピックアップしている。
（編集部作成）

<著者プロフィール>
吉野薫（よしの・かおる）

一般財団法人日本不動産研究所 不動産エコノミスト
1978年石川県金沢市生まれ。東京大学経済学部卒業、東京大学大学院経済学研究科修士課程修了（経済学修士）。専門は都市経済学、経済政策。日系大手シンクタンクのリサーチ・コンサルティング部門において、新興国の投資環境にかかわる基礎調査や、大手商社における地域振興ビジネス設立プロジェクト等に従事。2011年10月より、一般財団法人日本不動産研究所にて、日本で唯一の不動産エコノミストとして国内外のマクロ経済と不動産市場の動向に関する調査研究を担当している。また2016年からは大妻女子大学において、2020年からは国際基督教大学において、それぞれ非常勤講師を兼任している。

これだけは知っておきたい「経済」の基本と常識　改訂新版

2021年12月6日　初版発行
2024年4月11日　2刷発行

著　者　吉野　薫
発行者　太田　宏
発行所　フォレスト出版株式会社
〒162-0824 東京都新宿区揚場町2-18　白宝ビル7F
電話　03-5229-5750（営業）
03-5229-5757（編集）
URL　http://www.forestpub.co.jp

印刷・製本　萩原印刷株式会社

ISBN978-4-86680-154-4　Printed in Japan